"十四五"时期国家重点图书出版专项规划项目
国家战略预警研究译丛·第二辑

预判突袭
战略预警分析

ANTICIPATING SURPRISE
Analysis for Strategic Warning

[美] 辛西娅·格拉博（Cynthia Grabo）————— 著
孟　林 ————————————————— 译

金城出版社
GOLD WALL PRESS
·北京·

Anticipating Surprise: Analysis for Strategic Warning by Cynthia Grabo
Chinese translation, editing, proofreading and composition copyright © 2025 by GOLD WALL PRESS CO., LTD.
All rights reserved.
本作品一切权利归**金城出版社有限公司**所有，未经合法授权，严禁任何方式使用。

图书在版编目（CIP）数据

预判突袭：战略预警分析 /（美）辛西娅·格拉博(Cynthia Grabo) 著；孟林译 . -- 北京：金城出版社有限公司, 2025.9. --（国家战略预警研究译丛 / 朱策英主编）. -- ISBN 978-7-5155-2677-5

Ⅰ. E87

中国国家版本馆 CIP 数据核字第 2024SX8287 号

预判突袭：战略预警分析
YUPAN TUXI ZHANLÜE YUJING FENXI

作　　者	[美] 辛西娅·格拉博
译　　者	孟　林
策划编辑	朱策英
责任编辑	李晓凌
责任校对	王秋月
责任印制	李仕杰
开　　本	700毫米×960毫米　1/16
印　　张	15
字　　数	216千字
版　　次	2025年9月第1版
印　　次	2025年9月第1次印刷
印　　刷	鑫艺佳利（天津）印刷有限公司
书　　号	ISBN 978-7-5155-2677-5
定　　价	70.00元
出版发行	金城出版社有限公司　北京市朝阳区利泽东二路3号　邮编：100102
发 行 部	(010) 84254364
编 辑 部	(010) 64271423
投稿邮箱	jinchenglxl@sina.com
总 编 室	(010) 64228516
网　　址	http://www.baomi.org.cn
电子邮箱	jinchengchuban@163.com
法律顾问	北京同清律师事务所　（电话)13001187977

编者语

当今全球局势复杂多变，安全冲突此起彼伏，不确定性与突发性相互交织，给世界带来了全新的挑战。提高战略预警能力，完善国家战略预警系统，成为各国的必然选择。

国家战略预警，指一国武装力量为防御突然袭击，运用预警技术监视别国战略进攻性武器活动态势的综合性警戒手段。它关乎一国的战略核心利益，是维护国家安全、执行战略行动的重要保障，是国家防御体系的重要组成部分，是国家战略防御和威慑力量不可或缺的重要基础。战略预警攻防兼备，以守为攻。其目的在于，在尽可能远的警戒距离内，及时准确探测识别敌方攻击，分析判断各类情报信息，发布先期警戒情报，使国家决策层尽早采取反制措施，甚至先发制人。

针对敌方的突然袭击，如何识别、预警、预判、反制、威慑、防御，是全球情报人士热切关注的问题。为此，我们特别策划了"国家战略预警研究译丛"，将该领域的国际研究成果推荐给中国读者，供读者批判性学习。丛书主要针对的是国家层面的战略预警，内容涵盖早期预警、情报搜集、情报分析、预判突袭、预先防御、先发制人、情报失误、情报欺骗、减少不确定性等方面。我们所精选的作品，既有享有盛誉的经典著述，也有一些著名专家的最新研究，备受各国情报人员和国家安全学者推崇。

目前，中国已进入一个全新时代，比历史上任何时期都更接近实现中华民族伟大复兴的目标。但前进的道路不可能一帆风顺，我们还面临许多重大风险挑战。我们真诚希望本套丛书，可对我国相关领域的从业者有所启迪；为践行总体国家安全观、维护我国国家安全，在理论与实践层面有所探索。

目 录

序　言　/003
前　言　/005
引　言　/008

第1章 | 预警情报的作用　/010
　　一、问题本质　/010
　　二、预警是什么　/014
　　三、意图与能力　/030

第2章 | 分析方法概述　/039
　　一、预警指标清单　/039
　　二、征候分析的基本要点　/049
　　三、具体的分析方法　/062

第3章 | 军事征候和预警　/074
　　一、军事指标的性质　/074
　　二、危机中的战斗序列分析　/080
　　三、后勤乃战斗之要　/089

四、作战准备中的其他因素　　/097

第 4 章 ｜ 预警中的政治因素　　/107

一、政治指标的模糊性　　/107

二、关于感知的问题　　/116

三、政治预警中的几点思考　　/123

第 5 章 ｜ 基于总体证据做出预警　　/131

一、政治因素和军事因素的相对权重　　/131

二、区分关键事实与征候　　/133

三、评估证据意义的一些指导原则　　/137

四、重建敌人的决策流程　　/141

第 6 章 ｜ 突袭与时机　　/148

一、时机与突袭中的主要因素　　/149

二、关于估计进攻时间的范例　　/152

三、预警并非预测进攻是否迫在眉睫　　/159

第 7 章 ｜ 关于欺骗的问题　　/161

一、欺骗并不常见，且会被人忽视　　/161

二、欺骗的原理、方法和效果　　/162

三、欺骗的类型　　/165

四、我们能够做些什么　　/173

第 8 章 ｜ 判断与政策　　/178

一、事实不会"不言自明"　　/178

二、高层用户需要和想要知道什么　　/182

三、情报可以支持政策吗　/187
四、估计概率　/194

第9章 | 改进预警评估　/209
一、影响判断和报告的因素　/209
二、一般性预警原则　/215
三、最常见的预警障碍　/217

英汉对照表　/226

免责声明

美国国家情报大学支持并鼓励对情报问题开展研究,以总结经验教训,改进对政策和作战层面用户的支持。本书由美国国家情报大学战略情报研究中心出版。书中表达的观点为作者意见,并不反映美国国防部或美国政府的官方政策或立场。

罗素·斯温森(Russell G. Swenson)
美国战略情报研究中心主任

序 言

在乔治·特尼特（George Tenet）担任中央情报总监的任命听证会上，他对自己的工作做出了定义，指出其任命理由"不是为了观察和评论，而是为了预警和保护"。美国曾在冷战期间培养出一批可以提供预警的专家，但不幸的是，情报界的此类成员现已寥寥无几。预警本身就是一种技能，需要了解潜在敌人的态度和专业素养，以及他们的能力、历史、文化和偏见。

在一个非对称战争的时代，我们的国家安全和福祉可能会受到敌对组织和国家的严重威胁，因此当务之急是不但不能忘记过去的教训，而且必须铭记至今，另外还必须重振预警这门科目。预警情报与长期评估的准备工作和动态情报等都有很大不同。它承认关于突然性和不完整情报的假设，并要求对它们进行详尽的研究，以便能够实际发布具体预警。事件之间的关系或事件参与者的关系最初可能并不明显，而那些最初的迹象通常只是零星证据、相互矛盾的报告，或是缺少某些东西的情况。预警不仅仅是事实的汇编。它是抽象的、无形的，也是一种感知或信念。

虽然生成预警的具体方法是根据冷战需求而量身定制的，但其原理同样适用于不对称冲突。本书是经系统更新和精编修订的版本，对情报分析人员和政策制定者来说都是一本极好的入门指南。过往事件表明，如果说某个预警是准确及时的，那么它最常见的生成方式，莫过于少数人的观点以某种方式引起了政策制定者的注意；它不是多数人共识的产物。

美国及其情报界正在加速建立新的情报机制，以便能够打击恐怖袭击，并为本土驻守和对外部署的部队提供预警，在此过程中，只要他们阅读本书，就可以了解什么是预警，以及如何生成预警。作者指出："只有在传递给政策制定者之后，预警才是预警，而且政策制定者必须知道自己已被预警。"

本书非常重要，所有情报专业人员和关键政策制定者都必须了解书中介绍的理论。

詹姆斯·威廉斯（James Williams）
美国国防情报局前局长
退役中将

前　言

本书初版撰写于20世纪70年代初，但时至今日，它的内容变得更加重要了。第二次世界大战（以下简称二战）之后，美国情报界的主要目标就是了解共产主义威胁的意图和能力。这意味着它会集中力量关注苏联及其盟国。就华沙条约组织（以下简称华约）的武器库而言，虽然关于其坦克、飞机或舰船的数量和能力的数据并不容易获得，但相较于洞察共产主义国家领导人的意图，获取数据还是要容易一些。如果间谍的职位适宜，或是卫星配有相机，就可以生成部分信息，但绝非全貌。有一位知识渊博的分析人员，深谙分析能力和意图这种做法的重要意义，因为这正是情报流程的核心内容。她还是一位女性——辛西娅·格拉博（Cynthia Grabo）。在二战之前、期间和之后，情报分析一直都由男性主导。格拉博女士正是在这样一种环境下脱颖而出的。

辛西娅·格拉博女士，1942年至1980年在美国政府担任情报分析师。她在美国芝加哥大学获得本科和研究生学位。珍珠港事件发生不久后，她被美国陆军情报局招募，后被调至国家征候中心（National Indications Center）这个跨部门参谋机构，以高级研究员和撰稿者的身份，在美国监视委员会存续期间（1950年至1975年）为该委员会服务，然后为其继任单位战略预警参谋部（Strategic Warning Staff）服务。正是在这一时期，格拉博女士认识到必须掌握与战略预警相关的机构档案。她在战争期间担任过多项职务，但从1949年起直至职业生涯结束，她一直专职研究战略预警。

她在情报界已有长达30年的履职经历，见证了美国在朝鲜、捷克斯洛伐克、匈牙利和古巴的情报失误和预警失误。1972年夏，美国国防情报局将她的《预警情报手册》（Handbook of Warning Intelligence）以机密文件的形式出版，接下来又出版了后面两卷机密文件，第二卷于1972年秋出版，第三卷于1974年出版。这些书籍最近已经解密，并由原来的三卷压缩成现在的一卷。这是格拉博女士在"基于情报发布预警"这个问题上，针对该问题的正确分析策略所做的权威解读。由此，美国国家情报大学也终于可以怀着自豪的心情，将她的这份解读奉献给美国情报界和公众。

格拉博女士荣获的奖项包括：美国国防情报局的杰出文职人员服役奖章、中央情报局的谢尔曼·肯特情报文献杰出贡献奖，以及国家情报成就奖章。退休后，她一直在前情报官协会董事会任职，并为《国际情报与反情报杂志》（International Journal of Intelligence and Counterintelligence）、《国际军事与国防百科全书》（International Military and Defense Encyclopedia）和中央情报局的《情报研究》（Studies in Intelligence）等刊物撰写多篇文章。

美国情报系统的可行性取决于分析人员、搜集人员、人文主义者和技术专家，他们都必须愿意在评估和创造性工作中，与"正确"的情报用户共担风险。如果指挥官和政策制定者可以容忍分析人员的失败，并让他们继续努力开展工作，就可以进一步提升情报系统的可行性。

格拉博女士曾经指出，情报界一定不能仅将预警视为其他情报产品的副产品。"解决"预警问题的过程，就是在充分把握政治、军事、经济、外交和文化背景的情况下，对事件做出预测。如果说世贸中心和五角大楼遭遇的袭击是突然袭击，那是因为"美国以前从未发生过这样的事情"；然而，这又确实是在重复1941年12月的事件。现在，美国是各方开展征候分析的焦点所在。本书将详细介绍美国在解读冲突征候时的历史经验，帮助我们更好地认识，我们到底向国际环境中的潜在敌人传递了怎样的信息，从而为我们自己保留发动突袭的能力。尽管21世纪世界格局剧变，但战略预警分析的原理历久弥新。

简·戈德曼（Jan Goldman）
美国华盛顿特区
美国国家情报大学
战略预警与威胁管理课程主任兼教授

引　言

多年前，来自多个情报机构的一些人员齐聚一堂，讨论征候分析和战略预警问题。现场有人提醒说，曾有分析人员使用征候方法，正确预测出1950年朝鲜进攻韩国等情况，但一位在情报领域工作不久的新人却说："你的预测没错，但你做得再好也没用，因为没人相信你。"这虽是无意为之，但恰当地描述了预警情报的主要问题所在。在上述危机以及其他威胁我们安全利益的危机中，征候方法的良好记录是一目了然的，但为什么"没人"（这个说法略有夸张）相信这种方法？不愿相信的部分原因到底是并不了解征候分析这种方法的本质，还是缺乏处理"真正"预警问题的经验？

本书初版撰写于20世纪70年代初，是可供情报分析人员及其上级使用的保密教材，也可用于情报培训课程教学。从分析的角度来看，这是征候和预警情报领域长达25年经验积累的产物。据笔者所知，这是情报分析人员第一次，也许至今仍然是唯一一次在这方面做出的努力，目的是汇总关于预警问题的大量经验，并制定一些指导原则，为分析人员和其他参与预警流程的人员提供帮助。文中使用的示例主要来自二战和冷战。

在过去十多年的时间里，世界上出现了一些重大并且剧烈的事态动向，它们极大改变了预警问题的性质。第一个事件是共产主义运动在苏联和东欧国家的失败。四十多年来，这些地区一直都是情报搜集和征候分析的焦点。第二个事件是恐怖主义的出现。2001年9月11日，恐怖主义突然间出现在我们"自家后院"，成为美国国家安全面临的一项重大威胁，甚至是唯一的重大威胁。显然，这些重大动向极大地改变了搜集的目标和情报界的分析焦点。

漫不经心的观察人员可能会得出结论，称这些变化将使历史教训，尤其是冷战的教训变得无关紧要。但是更加敏锐的人会指出，关于预警的分析问题和错误的本质实际上几乎没有改变。因此，我们仍将继续看到以下同类问题：

- 对新出现的威胁，特别是概率低但潜在危险大的威胁认识不足。
- 针对上述威胁的搜集存在不足。
- 搜集人员、分析人员与情报机构之间的沟通是中断的。
- 不听取少数人的意见。
- 易受欺骗。

因此，笔者希望可以通过讨论真实案例的办法，帮助情报界内部以及外部的人员理解预警情报的问题。

笔者要对美国国防情报局表示感谢，感谢他们印刷并发行了本书的初版和后面篇幅更长的版本；同时要感谢美国国家情报大学赞助了本书这个篇幅较短的非保密版本。另外，还要感谢美国国家情报大学战略预警与威胁管理课程主任简·戈德曼教授，感谢他在本书编纂过程中给予的热情支持和长时间的无偿工作帮助。如果没有他的努力，本书绝无可能付梓。

辛西娅·格拉博

第1章
预警情报的作用

一、问题本质

（一）预警情报的职能

战略层面的预警情报（warning intelligence）有时被称为"征候情报"（indications intelligence），很大程度上是二战之后出现的。更确切地说，它是冷战初期出现的，因为此时我们开始意识到苏联等国走上了一条不利于自由世界的利益和安全的道路，并可能因此采取突袭性行动或公然侵略。二战中敌人采取的行动，比如1941年日本偷袭珍珠港，打破了许多关于战争开始方式的传统或历史概念。人们担心美国的敌人会再次在没有事先宣战或其他常规预警的情况下，悍然发动毁灭性的军事突袭行动，而且现在这种恐惧已经变得非常真实了。现代武器和远程投放系统的出现，进一步加强了发布预警以避免突袭的必要性。

当然，军事突袭行动和不宣而战的战争并非现代所独有。历史上有过许多此类行动的记录，至少可以追溯到使用木马攻陷古城特洛伊的那场战争。二战期间，所有大国的军方情报部门全都投入大量时间，搜集和分析关于敌人军事计划和意图的信息，以预测敌人未来的行动。许多与预警或征候分析相关的问题和手段，都在二战期间得到认可和实践应用。纵观战争历史，情报部门既有在预测敌人行动方面取得的辉煌成就，也有在偷袭珍珠港和阿登战役等事件中遭遇的惨痛失败。[1]

玻利维亚政变、黎巴嫩内战爆发、美国驻伊朗外交官及使馆工作人员被绑架、危地马拉的美国设施遭到恐怖袭击、印巴冲突或是任何地方的国家元首遇刺……所有这些，以及其他军事和政治动向都是美国的战略关切，而情报部门的职能就是尽可能预测出这些动向，并通知政策制定者保持警戒。从这个意义上讲，"预警"堪称情报系统的一项几乎没有限制的责任，可以涉及世界任何地方的几乎所有动向。动态情报的流程每天都在处理此类问题。在国内和海外，各个行动中心、预警中心和监视站点都在关注此类问题和潜在危机。

"预警情报"这个术语自二战以来沿用至今，并将贯穿本书。一般来说，它仅指以下四种情况：一是敌对国家对美国或其盟国展开的、动用了正规或非正规武装部队的直接行动；二是此类敌对国家正在或可能参与的、可以影响美国安全利益的其他动向，特别是冲突；三是没有与美国结盟的其他国家之间的重大军事行动；四是恐怖行动的威胁。

显然，关于何时或在何种情况下，某种特定局势或某个地区可以成为预警分析或判断的主题，这个问题是无法事先制定绝对指导原则或指令

---

[1] 战略预警不是新的概念，但最近才被接纳，成为情报在战争及和平时期的一项独特职能，而不是一种可以自行定义的情报产品。虽然预警情报有时也会来自动态情报、评估情报甚或（与数据库相关的）基础情报等情报生产活动，但它的目的或职能极其特殊，所以极具辨识度。它的职能是在搜集和分析允许的情况下，预测潜在敌对实体很可能会做什么，特别是它们是否准备采取于己不利的行动。一般来说，战略预警的用户是国家层面的政策制定者。在作战层面，预警职能围绕的中心通常是两类人员，即指挥官及其手下的高级情报官；在战术层面，战斗人员就是用户。而在战略层面，预警情报的职责会更加分散，散布在情报生产者与用户之间，也因此造就了极具挑战性的环境，让人们难以成功履行这一最为重要的职能。（如无特别说明，本书注释均为原书所注。——编注）

的。有些事件严重威胁到美国军队或安全利益，比如古巴导弹危机，显然属于预警问题。至于其他情况，虽然并不涉及美国面临冲突这种直接威胁，但却可以造成紧张局势升级或其他大国介入等严重风险，比如中东地区的一系列冲突和危机就是如此。多年来，人们一直认为柏林和东南亚问题是长期的并且几乎是无法彻底解决的预警问题。共产主义国家之间的现实冲突或潜在冲突，比如1956年匈牙利"十月事件"等也是预警分析和判断的主题。

然而，无论是否存在迫在眉睫的危机或威胁，只要有任何动向可以表明敌对国家或集团正在或可能正在做准备，将要发动某些有可能危及美国安全利益的新行动，那么预警情报的职能就是针对这些动向，不断地进行审查（并定期报告，或在必要时每天报告）。它将审查敌人在世界各地造成的事态动向和采取的行动，或是关于敌人的军事、政治和经济事件或其计划的报告，因为它们可以提供线索，让我们发现敌方政策可能出现的变化，或是为未来敌对行动所做的准备。预警情报可以得出判断（肯定判断、否定判断或是条件判断），即断定新军事行动的威胁是否存在，或当前军事行动的性质是否即将发生变化，并就这些情况向政策制定者发出预警。这通常包括对证据进行一些分析讨论，以支持其所做出的结论或预警判断。

因此，预警情报职能既是一种持续不断的日常职能，也是一种特殊情况下的危机职能。每日或每周的例行报告可能几乎什么都没有说，而且最终判断也可能是否定的。但它是一种保险，可以确保所有征候或可能的征候都得到审查、讨论和评估，并确保重要的潜在征候没有被人忽视。在爆发危机或潜在危机时期，它就可以（或是应当可以）履行真正的职能：尽可能清晰明确地发出预警，指出敌人可能准备采取什么行动。

（二）指标和征候

字典在对"指示"（indicate）一词做出定义时，指的是不太确定的东西；而"征候"（indication）可以是迹象、征兆、提示、推断的基础，或相信的依据。因此，在预警情报中选择这个术语的做法，体现了一种实事求是的清醒认识，即认识到预警很可能不太确定，也很可能基于不完整、评估不准或难以解读的信息。

"征候"可以是几乎任何类型的事态动向。具体来说，它可以是得到确认的事实、可能的事实、缺少某些东西的情况、信息片段、观察结果、照片、宣传广播、外交照会、征召预备役人员的命令、部队部署、军事警戒、间谍报告，或其他任何东西。唯一的要求是，它应当提供某些见解，或似乎提供了某些见解，让我们了解敌人可能采取的行动模式。征候可以是肯定的、否定的，或是模糊的（不确定的）。对于已证实的动向来说，如果其意义存在不确定性，通常使用以下短语表述："它可能是个征候，说明……"，"它可能是在指示……"或"它是在提示……"。对于信息本身来说，如果其有效性也存在不确定性，同样可以使用这样的方法加以表述，又或者可以使用更加准确的表述方式："如果它为真，则是在指示……"

"指标"（indicator）是已知的或理论上敌人应当采取的、用来为其敌对行动做准备的举措。它是我们预期可能会发生的事情，因此我们通常将它纳入应当监视的事项清单，即"指标清单"（indicator list）。只要有信息指出有任何举措确实已经得到实施，那么这则信息就是征候。如果能够区分预期与现实，亦即理论与当前动向，将会是非常有用的，那些从事预警活动的人员便是在努力地将指标与征候区分开来。许多非专业人士无法做出这种细致程度的区分。

（三）战略预警与战术预警

令人颇感遗憾的是，"战略预警"这个术语并没有一个公认的定义。在预警情报世界工作的人们，通常会认为战略预警是相对长期的，或认为它是预警系统应当提供的"尽可能最早的预警"的同义词。因此，如果有正在进行的大规模部队部署，或是敌方已经做出政治承诺，将要采取某种需要使用武力的行动模式，此时就可以提前几周甚至几个月发出战略预警。这是对未来某个时间发生军事行动的可能性所做的判断，它与该军事行动是否迫在眉睫无关。这类判断既可能在敌方行动迫近时才能做出，也完全可能在行动发生前许久就已形成。

战术预警更容易定义，尽管其含义有一些模糊之处。严格定义的话，战术预警并不是情报部门的职能（至少不是国家层面情报部门的职能），而是作战部门的关切。这种预警是直接提供给前线指挥官的，也可以由雷达系统或其他传感器提供，它表明敌方进攻部队已经向目标方向移动。在现实中，战略预警与战术预警之间的界限并没有那么精确。许多观察人士认为，如果美国情报界想要发布进攻迫在眉睫的判断，特别是在做出这个判断之前，已经做出了一系列关于进攻很可能会发生的判断，那么这时发布的就是战术预警。不妨思考一下，关于1968年春节攻势的预警在什么时候变成战术预警？1968年8月20日下午早些时候发布的苏联将要出兵捷克斯洛伐克的预警，是战略预警，还是战术预警？

二、预警是什么

（一）预警并非实体

> 预警没有实体，是一种抽象，一种理论，一种演绎，一种感知，也是一种信念。它是推理或逻辑思考的产物。它也是一种假设，但其正确性既不能被证实，也不能被证伪；而当可以证实或证伪时，通常为时已晚。

预警并不是分析人员、情报界、政策制定者或国家可以收到手中或没有收到的一种实体物品。这种常见的误解来自那些不经意的提问，比如："苏联出兵捷克斯洛伐克时，我们收到预警了吗？"特别是在脱离特定背景的情况下，这种误解也会出现在高级别的官方文件中，比如"不能断定美国肯定会或肯定不会收到战略预警"等陈述。

预警并非事实，不是有形的实体，不是一种确定性，也不是一种可以反驳的假设。它不是最好的搜集系统全力运作就能生成的东西，也不是只要说一句"我们现在完成了"，就可以提供给政策制定者的东西。

预警没有实体，是一种抽象，一种理论，一种演绎，一种感知，也是一种信念。它是推理或逻辑思考的产物。它也是一种假设，但其正确性既不能被证实，也不能被证伪；而当可以证实或证伪时，通常为时已晚。它与其他观点，特别是与新的或复杂的观点一样，每个人在认识它的时候，理解或确信的程度都会有所不同，具体情况取决于一系列的可变因素：对假设背后事实的了解、想要倾听或试图理解的意愿、对敌人可能行动模式的先入之见、对该国目标及其军事和政治理论的认识、对历史或先例的了解、客观性、想象力、想要冒险的意愿、时间限制、对简报人员的信心，甚至某人的健康情况或早餐吃了什么。这些因素和其他因素都会影响人们对信息或观点的接受程度。

当然，有时指向战争可能爆发的证据和事实的数量是压倒性的，其被确认的程度也极高，因此得出战争爆发这个结论几乎是不可避免的。这便是二战爆发前世界各地的普遍情况，尤其是在二战爆发前的一周，当时街上的人只要看过报纸，就会和国家元首一样有能力做出判断，说战争即将来临。在这种情况下，每个人都在战略层面，甚至是战术层面"收到预警"。

与之相对，显而易见的情况是，几乎没有人（尤其是那些要员）知悉日本将要偷袭珍珠港，他们并没有"收到预警"，尽管日本的军力建设及其称霸太平洋的计划昭然若揭，就如同希特勒的欧洲计划一样，几乎已是尽人皆知的事情。二战爆发后，在一系列规模较小的冲突和危机中，几乎没有预警能像1939年9月[1]时那样明显。因此，即使是在此次偷袭多年以后，预警仍然可能是不确定的。

（二）预警情报不同于动态情报

这个观点无疑会让很多人感到意外，因为他们一直都把预警视作动态分析的天然副产品。对于即将发生的敌对行动，有谁能比军事和政治分析人员更有资质发现相关征候，又有谁能比他们更有资格上报这些征候？毕竟他们的职责就是针对所有新的动向和突发事件，掌握最新的动态。在"收到预警"这个问题上，最需要的难道不是最新的信息吗？

答案既是"是"，也是"否"。分析人员必须及时接收和跟踪相关信息，因为它们有可能是关于敌对行动的征候。分析人员应当提供预警所需的情报，而且不能落后于传入的海量信息，以免错过一些至关重要的事项。搜集和信息处理都必须尽可能跟上时代的脚步。有时会出现这样的情况：接收信息时如果出现短暂延误，也会让人无法得出正确的结论。

最优质的预警分析并不会以不可避免的方式自然得出，甚至通常也不是在对动态信息进行最有条理和最细致的审查后得出的。最好的预警分析是对所有信息进行详尽且持续审查后的产物；这些信息最早可以追溯到几周或几个月之前，且与当前形势相关。另外，要想生成这种分析，也必须对潜在敌人的目标、理论、实践和组织等情况有坚实且根本性的了解。

至于最新的信息，无论多么有审查必要，对预警评估来说往往都不是最有用或最相关的。又或者如果是最有用或最相关的话，也只是因为它与几周前收到的一条信息相关，又或者因为它可以帮助核实分析人员数月前已经收到、迄今尚不确定但却至关重要的情报碎片。只有在事件突然爆发

---

[1] 1939年9月，德国突袭波兰，二战正式爆发。——译注

这种罕见情况下（比如1956年的匈牙利"十月事件"），征候或预警分析才会或多或少地被认为与动态情报分析是同义词。大多数危机的根源都可以追溯到遥远的过去，而且比我们通常以为的更加遥远，但直到危机爆发之后才会被人发现。只有在肯定发现确实存在威胁之后，我们才会发现那些为战争或可能爆发战争所做的准备，往往可以追溯到几个月前，也就在这时，那些收到时看似存在问题、不可靠甚至荒谬的信息，突然就可以与当前形势产生极深的关联，但前提是分析人员保存了这些信息，并将其放在动态模型中开展分析。此外，几个月前收到的信息（因此几乎不会是动态情报）可能具有极高的价值。一个指标不会因为它发生在几个月前，但今天才被发现，所以就是无用或无效的；它可以说明的是，敌人为冲突所做的准备远比你以为的更加全面和重要。

在正常情况下，动态情报分析人员必须处理大量的材料。而在危机时，他将会被海量的信息，以及上级对简报、分析、评估和其他报告的愈加严苛的要求淹没，从而应接不暇。无怪乎在这种情况下，他几乎无法将注意力集中在自己上个月收到的信息上，也几乎没有时间复核一大堆可能对自己动态评估有用，但已处于半遗忘状态的事项。夜间值班的情报人员掌握的情况，有可能是所有人员中最"动态"的，因为他很可能根本没有见过此前几个月发生过的许多事项，而它们如今可能非常重要。

此外需要指出，在蓄意或"突袭"式发动敌对行动之前的几周或几天内，关于此项行动的征候数量可能会少于之前的一段时期。又或者，有时有人会说，早在进攻发生十天或两周之前，就"已经没有预警可发出了"。在这种情况下，如果使用严格意义上的动态情报去解决问题，那么这种做法可能会具有误导性，甚至会是危险的。由于没有太多新的征候可以报告，刊发的动态情报报告就会给人这样一种印象（而且分析人员可能会相信这种印象），即威胁在某种程度上减轻了。但事实上威胁是保持不变的，并可能正在加剧。

在危机临近的时候，很可能会出现许多异常动向，动态情报分析人员将比以往任何时候都更加需要基础军事科目的帮助，也就是需要那些在军队动员、部队历史、后勤事务、军事理论、各种技术科目以及其他科目方面拥有广泛专业知识的人员提供帮助。甚至像理解术语这种以前很少提及的事情，也可能是至关重要的。在这个时代，动态情报必须与基础情报（basic intelligence）紧密融合，以免一些重要信息被忽视或误读。

动态情报与预警流程之间还有一个值得注意的区别，那就是报告的性质和内容。因为动态情报分析人员的主要职能并不是编纂预警情报，而是生成优质的动态情报，所以不得不在撰写每日报告时，略去大量征候或潜在征候。这样做的原因有多个，例如：个别征候很难站得住脚或自相矛盾；其中一些征候不是动态的；征候太多，因此无法全部报告；这些征候无法形成一个好的动态故事；其中一些（有时是最重要的）征候的保密等级过高，无法用于刊发普通的动态情报，或是分析人员面临限制，不能使用它们。人们在研究预警流程或试图重建危机中所发生事件时，起初会认为最佳做法是去查阅动态情报刊物。虽然从某种程度上讲这种做法并没有错，但如果我们了解当时的主流形势，就知道任何人都无法指望能在这些刊物中，找到关于所发生事件的完整故事或真实情况。举一个极端的例子，从1962年10月15日在古巴发现苏联战略导弹时起，到10月22日肯尼迪总统发表讲话宣布这一发现为止，这中间足足有一周的时间；但在此期间，美国情报界的日常刊物中根本没有提及这一发现，原因是显而易见的。

以上就是区分预警、动态分析与报告的一些方法。部分出于这些原因，人们认为，谨慎并且可取的做法是配备征候或预警专家，（但愿）他们不会像动态情报分析人员那样，被那些相互冲突的要求弄得不堪重负或是分散精力，而是能够将自己的精力完全集中在潜在征候，以及对其开展的深度分析上。要想做到这一点，这些分析人员还必须认识到基础情报的重要价值，必须知道自己应当了解敌人是如何准备作战行动的。

（三）预警不会从事实汇编中自动浮现

预警不会从可能或潜在的事实或征候的汇编中自动浮现，无论这些事实或征候多么有用。本书的目的并非贬低细致且富有想象力的征候搜集方式。征候是建立预警的基础。可用的确凿证据越多，征候就越是有效和重要，也就越有可能给出预警或得出正确结论，至少理论上如此。这一切貌似容易理解，但当我们面对的是一种状态，而不是某个理论时，方知并非如此。事后回顾，我们才看到一切其实都是非常清晰的。

事实上，对事实和征候进行汇编和陈述的做法，只是预警流程中的一个步骤，其地位大致相当于在陪审团裁定和法官判决时，法庭上的证词陈述所能起到的作用。即使案件有大量证据支持，并且看似最确凿无疑时也并非必然可以定罪；同理，即使征候清单的项目最多，记录最完整，也并非必然可以生成预警。与之相对，在某些情况下，如果一些事实或征候拥有足够的分量，就可以让足够多数的人（或更重要的是让正确的人）相信，敌对行动或其他关键行动已经迫在眉睫。有些事实显然比其他事实更有分量。不同的事实或可能事实的总数，其重要性其实不及其所对应的解读。如果事实或征候过多，甚至会让人产生疑虑：为什么会这么明显？真实情况一定比看上去更多（或更少）。本书将用大量篇幅讨论事实和征候与预警的关系，所以不会在此赘述。不过，在与法庭案件进行类比之后，可知有以下几个可能的原因，可以解释为什么如果仅仅给出事实、证据或目击证人的陈述，并不会为陪审团或主审法官提供令人信服的证据：

- 检方关键目击证人的陈述与其他目击证人的相互矛盾。
- 目击证人的可靠性被证明是不确定的，或其报告的"事实"被证明是存疑的。

- 其他几名重要的目击证人尚未找到，因此无法对他们进行盘问。
- 证据数量虽然可观，但大部分都是间接证据。
- 被告的声誉良好，尤其最近几年更佳，无犯罪前科。
- 看起来没有明确的犯罪动机。
- 尽管陪审团成员经过仔细筛选，但还是受到先前报纸对此案报道的影响。
- 法官在解释法律时十分严苛，认为某些特定的重要材料不能作为证据。

（四）预警并非来自多数人的共识

预警非常重要，预警流程通常会涉及多个不同领域的分析人员（及其上级），所以很可能会有大量人员参与预警情报生产流程中的某个方面。各种专家也会被要求提供专家意见，或是针对关于事实的各种问题提供知识或解读（例如，"这条铁路的最大运量是多少"或者"估计一下苏联一个坦克师的编制和装备表"），显然这都是好事。

美国情报界和政策制定者需要所有的专家建议，因为没有此类助力，他们就无法开展工作。然而，这并不一定意味着只要越多的人员被引入预警流程，所做判断就越准确。经验表明，对问题分析做出贡献的所有人员、这些人员的上级、负责做出评估的人员，以及其他可能感兴趣的人员，相较于曾经处理其他预警问题、了解关于形势的所有可用动态信息的分析人员，前者形成的共识不太可能比后者做出的判断更正确。更常见的情况是，让更多人员参与这个流程中，结果是众人为了顾及妥协和一致，最后削弱了判断。

尽管令人悲哀，但事实上，在一次为期数年的危机中，最接近正确的判断往往是由少数人做出的。这通常并不意味着某一个机构是对的，其他机构都是错的；也不是说政治分析人员会得出正确的结论，军事分析人员会得出错误的结论，或是相反。通常会出现的情况是，所有机构中绝大多数人员都可能是错误的。因此，用来分析这种局面的并不会是某个异议机构的常用手段，因为持有异议的是机构里的少数人员（而不是机构中的多数人员）。

显然，任何人都不应该说，因为这种情况在太多的案例中都是非常常见的，所以它将一直持续下去。（希望本书能在某种程度上略有助益，去弥补这一缺陷，并使情报界中更多人员了解预警流程，以及分析和解读等问题。）关键在于相关人员（尤其是政策制定者）必须明白，过去一直都是这种情况。必须充分听取具备资质并且经验丰富的少数人的意见，这对预警流程来说极其重要。

（五）预警依靠详尽的研究

在此流程中，必须以最细致的方式去汇编和分析事实，即潜在或可能的事实以及其他征候。**必须对预警展开详尽研究，这项工作的重要性无论怎么强调均不为过**。纵观历史，在每一次重大预警危机中，运用事后分析都会从中发现许多具有相关性的事实或信息。虽然这些事实或信息都是可用的，但出于种种原因，当时人们在开展评估时并没有予以考虑。在几乎每一次危机中，总有些信息完全不属于这种情况，因为它们在送达时便已太迟，而在某些情况下，如果分析人员、他们的上级或搜集系统中其他部门的此类人员认真细致工作，并且可以稍早一些就认识到必须追查某些事实或线索，那么这些信息原本是可以及时获得的。

所有与预警行业相关的人员，不论是政策制定者还是分析领域等级最低的人员，首先务必警惕这样一种人员：他们在处理直接或间接的现有相关证据时，其实并没有进行最为详尽的审查，却据此对敌人的可能行动做出判断。虽然这个建议看起来很简单，因此被认为是理所当然的，但事实上，在危机当中，它不能被认为是理所当然的。经验表明，许多人员（通常包括那些负责做出最有分量判断或陈述的人员）在危急局势下发表意见时，或是并不掌握重要事实，或是没有认识到自己掌握的某些信息的相关性或重要性。通常在危机开始之后，征候和动态分析人员就会倍感震惊，因为他们发现从预警的角度来看，很多在情报机构中地位稍高的人员，竟然完全不了解某些最关键的信息。情报分析人员也会怀着几乎同样的懊恼心情，发现有些信息原本是可以获得的，又或者自己已经使其变得可用，但最终并没有对它们开展分析，也没有在判断事件全貌时正确地考虑它们。

这种情况是怎么发生的？美国情报部门如同一台强大的机器，能够针对许多主题展开令人叹为观止的搜集和分析，然而在预警这种工作背景下，它为何无法开展必要的研究？答案是复杂的，造成这个问题的某些因素将在后面的章节中详加讨论。然而，有两个显而易见的难点，它们会妨碍研究工作的展开，也会阻挠具有相关性的事实浮出水面。

关于第一点，建立情报研究系统主要是为了分析某些特定类型 [它们被称为情报 "科目"（discipline）] 的信息，而且会有或多或少但源源不断的材料，比如战斗序列、经济生产、武器开发和外交政策等，流入这些科目。但在危机情况下，大量新的材料会突然涌入系统。为了应对这种情况，各个情报机构往往会成立特别工作组，分析人员也会加班加点，试图处理问题的所有方面。在这种情况下，很难保证某些事项不会被忽略，即使它们的相关性或重要性非常明显时也是如此。如果有些潜在重要的事项被搁置，也是不足为奇的。随着危机的不断发展，如果搜集系统较为完备，就可以为分析人员提供大量材料。这导致分析人员需要处理的重要事项的数量增加了十倍，此种情况绝非罕见。分析人员通常已经几近筋疲力尽，虽然可能会回忆起与自己手头工作相关的事项，或是可能会敏锐地意识到一些紧急的研究或应当撰写的论文，但也确实没有时间或精力去处理这些事务。更加糟糕的是，分析人员可能没有时间与其他分析人员或搜集人员开展沟通，甚至不知道他们是否存在，然而这些人员却可能掌握一些额外的信息，或是可能已经做了一些可以帮助自己的研究。在最需要的时候，沟通却因为时间不够而中断。

关于第二点，更加让人难以察觉的可能是那些不太明显但又迫在眉睫的危机。在这种危机中，事态动向之间的相互关系并不十分明显，在可能涉及两个或两个以上较大地理区域时更是如此。在这种情况下，如果情报事项来自两个不同的地区，特别是如果它们在当时看起来相对不明朗或是令人困惑，可能根本没被汇总在一起，那么这时开展研究的难度就会大大增加。它们之间的相互关系只有到危机爆发时才会被人发现，又或者完全不会被人发现，而且只有开展回顾性分析才能让人发现其中的相关性。

在 1968 年苏联出兵捷克斯洛伐克和 1962 年古巴导弹危机这两次重大危机中，上述观点得到了很好的证明。

在捷克斯洛伐克危机中，关于最终导致苏联毅然出兵的那些政治和军事动向，美国情报界掌握了大量信息，而且其中许多都是非常可靠和有效的。然而，许多重要信息虽与评估苏联意图一事高度相关，但显然从未被上报给情报界更高等级的官员，更不用说报告给政策制定者了。其中一个原因是收到的材料数量非常庞大（但判断中存在根本性错误可能是更加重要的原因）。人们不可能上报所有事情，另外在选择过程中，一些关键的征候没能得到重视。

在古巴导弹危机中，自 1962 年初开始，美国情报界便发现苏联行为中的一系列异常现象，这在敏锐的分析人员心中引发了种种百思不得其解的疑问，但它们与古巴的关系是在几个月之后才变得明显的。几乎到了终于在古巴发现战略导弹的时候，两个独立的分析小组（一个是苏联—柏林小组，另一个是拉丁美洲小组）仍在进行几乎独立的分析，但通过这些分析并没有发现苏联明显希望在年内解决柏林问题，而且这种期望在某种程度上与古巴即将发生的事态动向是相关的。因此，许多可能与这些动向有关的基础研究，直到危机解决后才能完成。只有回顾此事时人们才能看清，苏联在 9 月份发布公告，一反常态地宣布提高苏联军队的战备等级，这可能正是第一批战略导弹抵达古巴的时间。关于苏联在古巴军事活动的可能区域和可能性质的大部分研究，是在美国发现导弹之后，到肯尼迪总统宣布这一发现的一周之间，由拉丁美洲小组紧急完成的。

在类似本书这种简短讨论中，我们不可能阐述那些可以充分强调研究对预警流程极其重要的例子。预警失误或不足的原因有很多，如果只是挑出分析人员未能发起和生成必要研究的情况，并将其视作主要原因，那么这种做法是不公平的。在许多情况下，出错的主要原因可能并不在于分析人员，而在于他的上级或系统本身。然而，不论根本原因到底是什么，也不论它是否真的情有可原，只要是研究不足，或是未能将所有相关情报汇总，形成一种有意义并且彼此连贯的模式，都必须被视为预警不足的主要原因。征候分析人员以及其他与预警流程相关的人员，都不应该想当然地认为其他人都知道所有可用的信息，或是真正理解事实及其意义。

我们应当设立若干彼此独立的征候办公室，或是聘用预警分析人员，此举最大的理由就是让他们可以投入全部时间去开展深度研究，不会因为必须履行其他许多职责而分心。预警分析人员永远不应忽视的事实是，这正是自己存在的理由。考虑所有事实之后，或许仍然很难做出合理的预警判断；但如果不去考虑，或许就完全不可能。

（六）预警是对可能性的评估

即将到来的敌对行动几乎不会特别显而易见，侵略方的意图也几乎不会特别明确无误，因此我们不一定可以做出及时预警，或是让每个人都可以"收到预警"。即使大量信息都是可用的，搜集工作的运行情况也极其良好，敌人的计划或意图仍可能存在某种程度的不确定性。如果信息有限或存疑（有效性或其解读存疑），又或是在收到材料方面存在严重的延误，那么这种不确定性的程度就会大大增加。在最坏的情况下，我们甚至可能没有足够的事实数据，也就无法提出"敌人是否已经计划好某些侵略行动"这样的重大问题。

从理论上讲，上述内容可被人们普遍接受，而且许多探讨预警问题的论文一再提醒情报官员和政策制定者，不要指望预警具有确定性，但当这种局势出现时，人们往往就会忘记这个关键要点。特别是因为在面临侵略威胁时，人们必须做出正确的决策或正确的反应，所以军事指挥官或政策层面的官员将比以往任何时候都更希望情报系统做出确定的判断：是的，敌人计划发动进攻；或者不是，他们并未计划发动进攻。尽管局势天然存在不确定性，但官员会向情报系统施压，敦促他们做出肯定判断，又或是另一种情况，他们要求提供某种程度的"证据"，然而这种证据是绝对无法获得的东西。

当然，在现在的时间节点，不可能预先证明某件事情将要发生，因为事态发展取决于人们所做的决策和所采取的行动，而不是自然法则。在1939 年 8 月的最后一周，当时是不可能"证明"欧洲即将爆发战争的，尽管几乎每个人都知道会是如此，但它只能被描述为一个具有极高可能性或几乎可以确定的动向。

相比之下，日本偷袭珍珠港、1950 年 6 月朝鲜进攻韩国、1961 年 8 月东德[1]关闭柏林东西分界（随后还砌起了柏林墙）的可能性有多大？当然，这种可能性其实非常大，只是我们不知道而已。历史表明，其实我们当时认为这些事件发生的可能性相对较小，也就是说，当时人们并没有应对这些突发事件的防备措施，由此明显可以看出，情报系统和政策制定者都认为这些事件发生的可能性不大。我们遭到了"突袭"，而且，至少在一开始时是灾难般的"突袭"。如今再次回顾，让人们颇感欣

---

[1] 基于语境的模糊性和行文的方便性，我们没有将文中东德、西德、北越和南越等不规范的表述与标准的国家名称一一对应，但不代表我们认同作者的说辞及其立场。——编注

慰的是，这些事件都是可能发生的，或者至少是可能性很大的事件，或是原本应当得到更多考虑的意外事件。

> 政策制定者必须认识到，即使在最好的情况下，也不可能发布绝对确定的预警。

本书讨论了评估可能性时的一些因素，以及"意图与能力"这个极具相关性的问题。以下是针对这个重要问题提出的一些指导原则：

- 在潜在预警或危机的情况下，情报系统最好甚至必须应当针对敌对行动的可能性，做出尽可能符合实际的评估。最终评估是非常重要的，哪怕仅仅是试图判断可能性的举动，也会找出许多原本会被忽略或忽视，但其实非常有用的事实、可能性、先例和观点。
- 关于历史、先例和理论的知识，在评估可能性时极其有用。援引此类先例，不但可以支持某个案例，而且往往可以让缺乏勇气的人更加愿意做出肯定判断。在做出判断时，必须承认我们的知识和搜集能力是有限的，不能指望我们做到不可能的事情，这一点非常重要。
- 政策制定者必须认识到，即使在最好的情况下，也不可能发布绝对确定的预警，而且预警永远都是对可能性所做的评估。他们必须认识到，自己往往只能采信没有那么确定的判断，也就是说，这种判断所依据的证据，其实并没有达到他们所希望的那种确凿程度；但他们必须认识到应当鼓励而不是阻止此类评估。

（七）预警可为决策者做出判断

> 只有在传递给政策制定者之后，预警才是预警，而且政策制定者必须知道自己已被预警。

有这样一条关于预警的公理：**只有在传递给政策制定者之后，预警才是预警，而且政策制定者必须知道自己已被预警**。只存在于分析人员头脑中的预警是毫无用处的。他必须设法将自己相信的东西，传递给那些需要知道它们的人。从政策层面来看，这项因素可能比其他任何因素都更重要，因为它可将预警情报与其他所有情报区分开来。即使没有美国情报界汇编的大量信息，政策制定者也可以而且确实正在这种情况下正常开展工作。一些官员比其他官员更容易采信情报信息，并将设法了解诸如战斗序列、武器、国内政治动向、经济计划等问题的细节。总的来说，鉴于政策官员肩负重大责任，人们在向他们报告许多问题时，所列细节会详尽到令人惊讶的程度。然而，在很大程度上，向政策官员展示的东西都被精心筛选和浓缩过，只剩他们最需要知道的要点，只有某些特别重要的国家优先事项才会成为例外情况。

如果危机即将到来，并且可能涉及本国或盟国的安全利益，或是可能需要出动美军，那么情况就不一样了。随着局势的进一步发展，必须明确且反复提醒政策官员，要求他们当心发生这种动向的可能性，并让他们丝毫不会怀疑局势的潜在严重性，或是它可能对国家政策产生的影响。在这种情况下，需要的事实不应减少，而要增加；需要的评估不应笼统，而要具体；需要的不是模糊的可能性，而是针对各种备选方案，做出明确并且符合现实的描述；最后还需要针对敌人的能力和可能的意图，做出确定并且明晰的陈述。

情报的编纂人员和简报人员必须谨记，政策官员是极其忙碌的，如果情报评估没有给出确定或详细的预警——敌人可能采取什么行动，它就没有传递出编纂人员的判断。如果评估宣称，只要敌人选择或决定如何去做，他们就将如何去应对，那么这种评估传递的其实就是一种不确定的感觉，甚至是一种敌人尚未做出决定的保证，但事实上大部分证据表明，敌人可能已经做出决定了。虽然有相关短语暗示可能发生恶性事件，但它们被深埋于冗长的讨论事实的文本之中，并没有给政策制定者提供多少预警，因为他们可能只有时间阅读第一段。如果有机构想要设法通过回顾这种方法，证明自己在报告某个问题方面曾经做了出色的工作，那么几周后从自己刊发的报告中剔除此类短语的做法也并不罕见。单独来看，或是不去考虑背景，这些短语可能会呈现出一幅恶性图景，除非能将它们单独列出，并在当时反复强调，以便政策官员领会其中含义，否则它们的影响力将会消失。

政治情报领域一位杰出的高管曾在多年前指出，无论出了什么问题，大家都会怪罪情报部门。灾难突然发生时，分析人员会提醒政策官员，说已经向他预警过这种可能性，或是曾在过去一个月的多次简报中提到过这种可能性。政策官员却会说："其实，你当时提及它的次数并不够多，声音也不够大。"

就预警而言，情报部门必须确保提及它的次数足够多，声音足够大。不能想当然地认为，只要上周发出了一个合格预警，本周就没有必要重复这个预警。预警之所以会反复失误，有时仅仅是因为分析人员的真实想法，以及他们彼此之间的讨论从未被形成文件上报。又或者，在"协调"过程中，或是在众多编辑的手里被加入大量说明，导致分析人员想要传递的判断全都丢失了。如果军事行动迫在眉睫，那就没有时间转弯抹角。如果政策制定者没有领会其中的含义，这很可能并不是他的错，因为从一开始这份报告就不够清晰。

（八）预警可以提供采取行动的信心依据

我们现在做出假设：情报系统的表现是值得称道的；它已经搜集了数据，进行了必要的详尽研究，得出了可能发生军事进攻的判断，并刊发了评估和预警两种报告向政策制定者传递这个判断。这一切的目的是什么？目的是使政策制定者能够根据收到的事实和判断，做出尽可能最优的决策，并在需要时采取军事和政治行动，反制将要发生的进攻。如果政策制定者不予采信，或是出于某种原因不能或没有采取必要的行动，这时情报部门的努力将是徒劳的。如果情报部门预测到一次进攻，但被指挥官忽视，那么此次进攻行动中所困士兵阵亡时的情形，便与没有发布预警的那种死寂毫无区别。在这种情况下，即便情报部门的表现很出色，但如果没有人采取行动，还是会遭受失败。这就是预警的终极职能。

情报部门发出一个清晰明确的预警，指挥官或政策官员却完全不予理会，这种情况或许并非闻所未闻，却也很少见。更有可能的情况是，预警不够明确或清晰（详见前文），又或是对进攻的时间、地点或性质存在严重的误判。无论如何，假设原本可以采取行动来避免灾难，但实际并没有采取行动，这就是情报和指挥或政策等要素的共同失误。近年来更常见的情况是，政策制定者自己开始生产情报，可能是因为他对情报部门这种"没有人情味的机器"持不满或不信任的态度，也可能仅仅是因为求知欲驱使他想要了解更多的第一手信息。这种自产自销的情报可能有优势，因为它可以立即对政策层面的需求做出响应，但显然这种做法存在危险。表面看来，似乎是政策层面采取了行动，但情报部门对此几乎没有做出直接贡献，又或是政策制定者率先采取行动，以求阻止敌对国家或潜在敌对国家可能采取的威胁行动，然后才是情报部门启动正式流程。

现在，并非所有可能发生的军事行动都会对美国的安全利益构成潜在威胁。无论是1956年苏联控制匈牙利的"十月事件"，还是1968年苏联出兵捷克斯洛伐克，都没有对美国或北约构成任何军事威胁，我们不需要甚至也不想采取任何军事行动。从政治意义上讲，最好还是能多了解这些军事行动发生的可能性，特别是出兵捷克斯洛伐克的可能性，因为此事在北约内部引起了极大的关切。

不管情报与政策之间的关系到底如何，也不管政策层面有多依赖或有多不依赖情报，最重要的是在必要时采取适当的行动，以保护美国国家安全利益和我们盟国的安全。如果做不到这一点，那么不论搜集和分析的工作多么出色，情报的预警职能都将是失败的。

三、意图与能力

有这样一条军事箴言，它历史悠久，至今仍被频繁引用：情报不应估计敌人的意图，只应估计敌人的能力。有时这条箴言可以拓展一下：我们可以判断他的能力，但不能判断他的意图。

认为情报只适合分析或只应当评估能力的这条箴言，当然是根据前线指挥官所提需求总结出来的。在面对来犯敌军，或是准备攻向敌军时，己方指挥官必须掌握关于敌军能力的尽可能准确的评估。另外，他在准备防御或计划进攻时，依据应当是敌人能做什么，而不是尝试猜测敌人可能会做什么。毫无疑问，如果不遵循这个原则，将在战斗甚至整场战争中一败涂地，如果指挥官只重视对敌人意图的判断，不去理会对敌人能力的评估，那么他就已经走上一条通往败亡的道路。

虽然上述理念是有效的，但并不意味着国家和战略层面的情报部门只应当开展能力评估。因为事实上，人们认为各层级情报部门，特别是准备为政策官员提供指导的情报机构，应当也要分析意图。不仅是美国政府的行政部门，就连国会和大部分的公众也都认为，情报部门的职能是确定我们的敌人甚至我们的朋友将要做什么，而不仅仅是他们能够做什么或可能做什么。此外，考虑到如今在资金和人力等方面对情报投入的成本，以及误判意图可能造成的后果，国家理应对此抱有期望。

几乎所有针对情报失误展开的调查，或是针对情报部门能力进行的批评，全都集中在为何没有预先提供预警，提醒某事将要发生。政策制定者或国会各委员会几乎不会抱怨说，情报部门没有对敌人的能力做出充分的评估，即使事实确实如此。批评意见几乎全都是"你并没有告诉我这件事将会发生。我们没有在（情报）的引导下预料到这一点，因此遭到'突袭'"，又或者是"你的意思是，尽管在搜集上花费了数百万美元，但你却不能告诉我们这件事很可能会发生"等话语。有人反驳说已向官员预警了这种可能性，也有人反驳说已经向他们警示了敌人的能力，但在这些情况下，相关言辞很可能难以服众。不管你是否喜欢，情报部门还是会被意图这个问题纠缠。不论在其他方面取得多么辉煌的成功，人们在判断美国情报界的能力时，最终往往只看它对可能发生事件所做的预测是否准确。事实上，这正是预警工作的意义所在。

有人认为，我们可以高度准确地判断军事能力，但我们永远无法十分确定地预测意图，因此期望通过情报流程对意图做出判断，其实是一项不合理的要求——我们来验证一下这个观点是否正确。分析人员如何才能在事情发生之前就知道它将要发生？这不是要求做到不可能的事情吗？另外，分析人员可以轻易说出敌人在某个特定地区部署了多少兵力，以及这些部队拥有哪些打击对手的能力。

这些观念是怎样流行起来的，或者说怎样被人们广泛相信的？此事至今依然成谜。因为在现实中，正如大多数经验丰富的军事分析人员可以证明的那样，即使可以轻易获得信息，我们也很难对任何国家的军事能力做出准确的评估。在拒止情报的地区，人们从不公开披露基本的军事事实，并一直保持着最严格的军事安全措施，所以分析人员在研究这种地区时，通常很难对战斗序列或武装力量等基础因素做出准确的估计。如果有足够的时间（通常是几年，而不是几个月或几周），通常情报部门能够针对大多数外国军队的战斗序列，做出相当准确的估计。事实证明，总体兵力数值是难以捉摸的。从多年的估值来看，我们对敌军总体兵力似乎还是心里有数的，但是不论哪一次的估值，我们也不敢保证它一定就是准确的。我们在这里谈论的条件是军事力量和部署保持相对稳定。鉴于形势是瞬息万变的，当正在动员多支部队或秘密进行大规模部署时更是如此，如果我们以可用总兵力去衡量敌人的能力，那么评估出的结论可能会大错特错。

一般来说，尽管并非总是如此，但情报部门确实会低估参与集结的部队，特别是地面部队的实力，而且有时会大大低估动员和部署的规模。近几年来，在几乎所有可以获得后续证据的案例中，情况都是如此。朝鲜为1950年6月进攻韩国而进行的集结，其规模虽然已被认为是极大的，但仍是被低估的。苏联对1956年10月下旬匈牙利"十月事件"所做的响应，是仓促部署军队进入该国，但在当时，具体部署情况完全无法使用战斗序列或数值等分析方法来解读，即使到今天，我们也没能确定苏联当时动用的总兵力到底是多少。同样，我们至今仍不知道，1968年6月到底有多少苏联士兵以华约的"苏马瓦"（Sumava）演习为名进入捷克斯洛伐克，很可能估计数值全都过低。尽管我们准确地掌握了苏联出兵捷克斯洛伐克时的战斗序列信息，但许多部队的番号后来才得到确认。

后勤能力更加难以确定，因为它需要使用弹药、油料和其他进攻所急需的补给物资等因素来衡量。事实上，许多后勤估计的依据并不是补给物资集结规模等可靠证据，而是假定必要补给物资将随部队一同前进。当然，补给物资的可用性对于执行作战任务至关重要，并且确实是区分高后勤能力与无后勤能力或类似情况的分水岭，因此一两种补给物资的运输情况，或许也会具有绝对的重要意义。然而，搜集系统不太可能针对众多重要物资的运输情况，提供非常具体的信息。事实证明，很少有估计是可靠的，最多是评估后勤集结何时可以完成，以及敌军部队何时确实具备了理论上宣称的能力。

接下来，请思考这样一个评估问题：是否存在能够造成巨大破坏的特定武器，特别是新型或先进的武器。众所周知，20世纪50年代所谓的"导弹差距"其实就是情报差距；美国无法准确估计出苏联导弹部队的实力，事实上极大地高估了苏联在这一领域的能力。可以肯定的是，第一颗原子弹在广岛投放之后，日本对美国能力的评估发生了颠覆性的变化。1962年10月，苏联在古巴部署核武器了吗？当时，我们认为部署了，但不能确定。

除了这些本应可以衡量的因素之外，还有训练质量、指挥情况和部队士气等无形因素，它们对军队和国家至关重要，而且从这些因素中，明显可以看出为什么我们对能力的估计会错得如此离谱。几乎所有西方国家都曾在不同时间点，沦为严重误判的受害者，不但误判了其他大国的意图，而且误判了这些国家的能力。总之，这并不是一个简单的问题。

如果说能力如此难以确定，这是否意味着意图实际上是不可能确定的？笔者有时会找到坚持这一信念的人，让他们将自身置于1944年春季德国最高统帅部的位置上，再将目光放在英吉利海峡对岸，以便看到盟军作战力量正在大量集结。此时，他们的评估会不会也是"是的，他们在这里的能力极其强大，但我们真的可以判断他们的意图吗？也许他们只是虚张声势，其实还是想通过法国南部发动真正的进攻，又或者也许他们还没有决定到底要做什么"。仅举此例，便能让人看到"假定我们不可能对意图做出合理判断"这个假设当中的谬误。当然，纳粹可以说进攻即将到来，还可以说会穿越英吉利海峡发动进攻。他们还可能认为盟军虽然集结军事力量，但无意使用，或是认为盟军尚未做出任何决定，但这些观点都是非常荒谬的。

这是一个极端的示例，人们不应该据此得出普遍性结论。在其他情况下，事情并非如此简单或一目了然。评估意图几乎不可能这么简单，但也不一定会像许多人以为的那样困难，特别是如果人们试图从可能性、先前事例、国家目标和可用选项等角度，而不是绝对化的非此即彼的角度去研究时，更加如此。本书已经指出并将再次强调，在预警中，我们研究的是可能性而不是确定性，应当从这方面入手去做出判断并斟酌措辞。只要事情涉及人类行为，其在发生之前就不会是绝对确定的，即使某个国家已经下定决心将采取某项特定行动，也有可能改变主意。但我们可以做出判断，指出在给定的环境下，出现某些行动模式的可能性是更高还是更低，或是指出敌人可能正在计划（或有意）做某事。虽然很难预测个人和国家的行为，但做出合理的评估并不是不可能的，而且准确率通常很高。

有些分析人员可能没有认识到这一点，但情报流程每天都在对其他行为体的意图做出判断，不但有我们敌人的意图，还有许多其他国家的意图。这些判断并非只在国家层面的评估流程或预警流程中做出。所有分析人员随时都会针对自己收到的信息做出判断，并评估它是否可以告诉我们，某个特定行为体准备要做的事情是异常的，或是不同于其一直在做的事情。现在，在大多数情况下，各国都在并将继续遵循他们已经遵循了一段时间的、不变的一般行动模式；也就是说，他们的态度和意图不会发生重大变化，不需要不断做出新的评估，也不需要不断重申那些已经广为人知并且得到普遍认可的内容。虽然我们一直都在不断地审核对敌人意图所做的判断，但这些判断通常是隐性的，而不是显性的。美国情报界在这个问题上所做的意图判断，与其在许多其他问题或领域所做的判断一样，一直都是正确的，而且很可能继续正确，直到局势发生明显变化为止。但从本质上讲，这是一种负向判断，也就是说，因为没有发生新情况，所以没有需要汇报的新情况。

有人认为情报不能也不应该对意图做出判断，这种观点通常只会在一种情况下出现，那就是局势发生突然或重大变化，需要做出新的判断，特别是需要就敌人是否计划进攻行动一事做出正向判断。到目前为止，那些非常愿意做出负向判断，认为什么都不会发生，或是认为事情会像现在这样继续下去的分析人员会突然意识到，自己不能再充满自信地做出这种判断了，但他们也不愿意做出任何新的正向判断。因此，他们可能会坚持认为情报部门不能（也不应该）对意图做出判断——尽管他们过去就是这样做的，而且在其他情况下很可能愿意再次这样做。（多种因素导致他们在新情况下不愿意做出判断，这些因素将在本书稍后予以讨论。）

事实上，情报流程可以不间断地对意图做出判断，而且出错的情况只是例外，并非必然；另外人们可以看到，在某些情况下，判断意图其实比评估能力更加容易。举例来说，在美国与越南和老挝的战争中，情况往往就是如此。毫无疑问，多年来北越一直打算通过老挝的狭长通道[1]运送足够的补给，以维持其派往南越部队的作战能力。但事实证明，我们很难估计运往南方的实际吞吐量，遑论可能运抵任何特定部队的补给了。同理，通常有可能至少提前几天便做出预测，判断该国即将发动新进攻的意图，但其部队执行所计划行动的能力就很难确定，而且判断时容易出现较大的误差。在越南和老挝缴获的文件和抓获的战俘，有时会准确地描述北越整个季度的行动计划；他们执行这些行动的意图是相对明确的，但其他因素（最明显的就是友军的掣肘）的效果太过显著，因此北越执行这些行动的能力被严重破坏了。

如果此处给人的印象是，笔者认为意图评估在某种程度上比能力评估更加重要，或是主张关于评估能力的军事箴言已经过时或应当废除，这些印象都是极具误导性的。没有什么比这些印象更加偏离事实了。如果可以从预警情报（成功抑或失误）的历史中吸取教训，那么对预警来说，最重要的莫过于必须以准确和符合实际的方式去描述能力。不论是前线指挥官还是政策官员，首先都必须了解敌人的能力。在国家或战略层面评估意图时，如果首先不能正确地认识能力，就可能和在前线时一样危险，甚至会更危险。军事分析人员对预警所能做出的最大贡献，可能就是用明确和符合实际的语言，去向那些不像自己那样详细掌握情况的人做出解释，介绍

---

[1] 即胡志明小道。——译注

敌人集结的能力有多么强大，现实的武力优势有多明显，需要多少后勤工作，或是现在的军事活动有多异常。政策制定者以及级别较低的人员，都有意识不到出现军事行动可能性的时候，而且还不止一次，部分原因是没人能够真正使用简单语言，去明确表述这种能力到底有多强大。

> 在战争史和预警史上，军队或能力以异常方式集结，往往就是证实意图的唯一最重要和最有效的标志。

在战争史和预警史上，军队或能力以异常方式集结，往往就是证实意图的唯一最重要和最有效的标志。这并非"意图与能力"的问题，而是根据能力对意图做出逻辑判断的问题。事实上，如果各国没有动用武力的预期或意图，就不会进行大规模并且耗资颇巨的战斗力集结。大规模并且突然的部队重新部署，同时预备役的动员和后勤保障部队的大规模前移等，通常都是非常确凿的证据，可以证明对方意图发动进攻，除非另有一些真正有效或令人信服的相反证据。某国集结进攻能力的程度比其敌国越高，偏离正常军事行为的程度越大，就越有可能已经规划了军事行动——不是确定，但有可能。有人说："跑得快的在赛跑时未必跑得赢，实力强大的在打仗时也未必打得赢，但这仍然是最佳下注方式。"

敌对行动开始之后，这项原则便会得到普遍认可。只要人们认定某个国家决心发动战争，那么分析人员几乎总是能够根据某个特定地区军事力量的异常集结，对意图做出符合实际的、基本正确的判断。在战争尚未爆发，或是诉诸武力的决心尚未显露无遗或被世人确认的时候，如果面对的是战时才会被轻易采纳的军事证据，那么人们可能就非常不愿从这些同类证据中得出这样的结论。这种心理障碍是相当严重的问题，会让人难以做出预警评估。事实证明，在某些情况下，将有很多人不会根据军事力量大规模集结的现实，得出直截了当或一目了然的结论，而是会提供各种其他的解释；有时这些解释非常不合情理或有悖逻辑，根本无法解释为什么敌人会集结这些作战部队。

关于在敌对行动爆发前集结作战部队的问题，它与战时的情况是不一样的，而且我们还需要考虑其中的一项重要因素。即使这个潜在的进攻方已经决定采取军事行动，以此确保实现自己的目标，但也可能达成和解，从而让军事行动变得没有必要。或者可能通过谈判，达成政治解决方案——也许是通过调解实现的，也许敌国会在面临进攻威胁时直接投降。然而，这种情况并不能否定这样一个结论：或是这个国家已经下定决心，将在必要时通过武力实现自己的目标；或是该国的意图本来就是发动进攻，除非可以达成令其满意的解决方案。

显然，如果无须军事行动也可以实现同样的目标，通常各国就不会开展代价高昂并且相当危险的军事行动。有人宣称，因为美国没有在1962年10月攻击位于古巴的苏联导弹基地，无法就美国意图做出结论，所以上述关于意图的讨论是无效的。这种推理思路回避了前面提到的这个问题。美国没有攻击这些基地，只是因为没有必要这样做；苏联同意移除导弹，是因为它认为美国很可能会发动攻击——确实很有可能。

我们需要避免的另一个陷阱是，如果对能力做出判断后，发现逻辑结果可能是令人惊恐的或是不受欢迎的，人们往往会降低对能力的强调。在任何危机或潜在危机的情况下，军事分析人员都应当特别保持谨慎，知道自己应当对军事态势做出准确和充分的评估，并将结果传递给自己的上级。这位分析人员肩负的职责与战地指挥官是一样的，即先要对能力做出判断，不能考虑自己对意图的个人偏好。这位分析人员一定不能让自己关于敌人可能行动模式的先入之见，影响到自己对军事证据所做的分析和报告。然而令人遗憾的事实却是，一些分析人员会认为敌人采取军事行动一事不太可能，或是认为这不符合自己的先入之见，并因此予以否定，而且我们已经知道，如果有证据表明敌人正在进行大规模的能力集结，他们还会淡化甚至根本不去报告这些证据。

能力可以说明一切。对军事力量集结进行符合实际描述的做法，往往优于一系列估计性判断，从而让人更好地感受到敌方采取行动的可能性，因为后者不包含军事细节或评估所依据的理由。理解能力，并且能够客观地看待能力，这是理解意图的先决条件。

第 2 章
分析方法概述

一、预警指标清单

预警指标清单（indicator list）被认为是二战后出现的，尽管过去也曾使用过类似的方法。大约在 1948 年，美国情报机构开始研究敌人（尤其是苏联）在开始敌对行动之前，采取了或可能采取哪些行动，并据此拟定清单。从这时开始，美国（及其盟国）的情报部门逐渐制定了一系列的预警指标清单。

早期的清单认为当时共产主义世界是明显铁板一块的结构，所以往往被用来分析"中苏同盟"（当时是这样称呼的）这个整体。几乎不会有人想要去区分苏联可能采取的行动，与朝鲜或越南民族同盟会可能采取的行动有何不同。然而，在认识到世界各地的冲突和冲突准备具有不同性质之后，我们便将这项工作提上日程，在 20 世纪 50 年代提出了许多特别清单，涉及东南亚、柏林等地区。在情报界内部，这些早期的清单在协调力度、正式程度和地位等方面各不相同，但它们大多数是在工作层面为分析人员准备的工具，又或是前线站点或前线指挥部拟定供自己使用的。自

20世纪50年代末以来，情报界一直试图减少清单向外扩散的情况，并尝试利用整个情报界的资源，去编制规范统一、相互协调并且正式发布的清单。

（一）预警指标清单的内容和拟定工作

预警指标清单背后的理论是：任何国家在进行战争准备时，不论是全面战争还是局部战争，都要或可能采取某些措施，包括军事、政治或经济等措施；对分析人员和搜集人员来说，有效的做法就是提前确定这些措施是什么，或可能是什么，并尽可能具体地识别出每一项措施。因为大国在发动敌对行动之前或在紧张局势加剧期间，将要或可能采取行动的种类极其繁多，所以预警指标清单往往会变得相当冗长和详尽。由此可知，清单并不是简单提及"调动人员"，而是列举了十几个或更多的项目，以此识别出可能在调动过程中采取的具体行动。虽然其中有些细节主要是为搜集人员准备的，但它们对分析人员也非常有用。然而，由于清单篇幅较长，人们发现有时有必要发布简版清单，只列举精选事项或合并事项，以此作为指南，指导那些被认为是最紧迫最重要的行动（如果它们发生的话）。

在汇编预警指标清单时，分析人员将利用三个主要的知识来源：逻辑或长期历史的先例；针对一个或多个目标国家的军事理论或实践活动，掌握的具体知识；针对上述一个或多个国家在不久前的战争或国际危机里做出的行为，从中吸取的经验教训。第一个（逻辑或长期先例）显然是必不可少的。不论是哪个国家，也不论我们对该国的军事理论或近期表现了解多少，历史都会告诉我们，所有国家在发动敌对行动之前，都必须或可能会做出某些特定类型的事情。它们必须至少为本国部队提供必要的战斗补给，重新部署部队或至少让他们保持不同程度的警戒，以及发布进攻命令。根据进攻的规模和地理区域，以及可能导致敌对行动覆盖范围的不同，这些国家可能会额外采取各种不同的军事措施，既有进攻措施，也有防御措施。大多数国家可能会采取一些措施，以便影响本国民众，或许还有世界舆论，让他们支持自己的行动。此外，如果冲突规模很大，又或者很可能持续很长时间，这些国家也可能在敌对行动开始之前，着手进行重大的经济再分配。

然而，分析人员和搜集人员希望得到的，是比这种一般性规则更加具体的指南。为此，如果可以了解目标国家的军事、政治理论和实践活动，就可以提供非常重要的帮助。事实上，对预警指标清单所做的大多数改进，主要依据都是我们通过各种来源，对潜在敌人的军事组织、学说和实践活动所做的不断深入的了解和认识。

对预警指标清单的拟定人员来说，同样重要的是一个国家在"实时"预警情况下的实际表现，尽管这方面的信息通常不太容易获得。再多的理论也无法取代对实际表现的观察。分析人员最希望看到的是，这场危机真的引发了战争或出兵，因为毫无疑问这些才是"真的"。如果危机在敌对行动爆发之前便已得到缓解或被裁定，那么清单的用处就会大打折扣，因为总有人心怀疑虑：在观察到的动向中，到底有多少其实是在为敌对行动做准备的？危机越大且（或）越危险，采取的准备措施越多，运用清单就越能帮助征候方法在未来发挥作用。此外，危机发生时间越近，清单就越有可能体现出敌国当前的军事理论和实践活动。关于二战后苏联的动员和后勤活动，我们也掌握了一些最有用的情报，其中许多都来自苏联为出兵捷克斯洛伐克所做的准备。捷克斯洛伐克危机之后，我们对苏联和华约的预警指标清单做了一些改进。由此，人们明显可以看出，经过仔细研究和精心准备的预警指标清单，将会包含大量不同的项目，有些是理论上的，有些是根据最近的实践活动或学说详细记录的，并涵盖了潜在敌人可能采取的所有行动。然而，没有一份清单可以宣称是完整的，或是涵盖所有可能的意外情况。每一次危机或冲突，无论是潜在的还是实际发生的，都会引发预警指标清单上没有预料到的行动或动向，而且事实上，这些行动或动向是此次特定局势所独有的，下次不会出现。

更重要的是，必须认识到，在一场重大的危机中，即使有国家层面的大规模动员和出动部队等情况，也有很明显的政治和宣传动向，但它们可能只是全面预警指标清单上所列行动中很少的一部分。在这些行动中，即使是最优秀的情报搜集系统，可以观察到的部分也不会太多。一些最重要的动向，特别是敌对行动开始之前刚刚发生的动向，即使在最好的情况下也不太可能被人发现，或者至少不太可能被人及时发现。不过，虽然有判断认为某项特定指标不太可能被人发现，但绝对不应该将该项指标排除在预警指标清单之外，因为搜集系统总有机会（也许是偶然地）发现这项指标。有人曾经说过，预警指标清单确实是人们"迫切渴望之物"，但它并不是关于可能发生事件的绝对指南，更不是关于我们应当了解事件的陈述。

有一段时间，人们认为有必要对预警指标清单进行分类，不但要按不同的主题分类，而且要按时长来分类，前者指的是军事、政治、经济及其子类，后者通常是长期、中期和短期。这项方法的假设是，一些敌对行动的准备活动要比其他准备活动更加长期，需要更长的时间来实施，而其他准备工作只会在进攻开始不久之前发生。这种假设从理论上讲也不能算错。但经验表明，这种针对行动可能时长进行预先判断的做法，其实际功效是值得怀疑的，可能具有误导性甚至危险性。有些准备工作可以是非常长期的（例如，建造大量新潜艇的项目的前期阶段），因此它们与在未来某个日期开始的敌对行动的相关性是值得怀疑的。

同理，通常被认为应该是非常短期的行动，却有可能发生在军事进攻或行动最终实施的几周甚至几个月之前，时间长短由当时的具体情况决定。（苏军最终是在1968年8月20日至21日出兵捷克斯洛伐克的，但有些部队早在5月7日至8日便开始动员，并被部署至边境地区，在那里进行了长达3个多月的战备活动。据称，有一个团已于5月9日领到了基本弹药，但随后被收回。）再者，如果危机发展迅速，需要立即采取军事行动，那么所有准备就会压缩为寥寥数日，1956年苏联控制匈牙利的"十月事件"就是这样。还有一个因素需要考虑，针对某个特定行动开展的信息搜集工作，可能会在事发后的几天或几周才启动，所以说看似刚刚发生的行动，其实已经进行一段时间了。

由此可知，出于以上原因，再加上其他原因，今天大多数的预警指标清单都不会区分为敌对行动所做的长期准备与短期准备。与此同时，有些准备被判定为长期，但因太过长期，所以被人怀疑是否有效，因为相应指标都已从清单上剔除。如今，我们工作的焦点是搜集和评估所有指标，无论指标出现的时间点是什么，因为这些指标可以说明一个国家为了发动敌对行动，已经着手准备的可能性到底有多大。

（二）预警指标清单的用途

任何分析人员，只要参与过详版预警指标清单的拟定工作，以及与其他机构的协调工作，就会从这个流程中学到很多东西。事实上，这些清单最有用的地方是，分析人员在拟定这些清单时，必须详细审查潜在敌人在发动敌对行动之前最有可能采取的那些措施。对于新手来说，这种经验是无价的，即使是经验丰富的分析人员，在拟定或修改这种清单的过程中，也总能学到一些新的东西。这个流程如同一种极其有用的平台，可供基础情报分析人员与动态征候分析人员彼此交流专业知识，因为前者掌握着关于具体细节的宝贵知识，而后者非常了解预警理论，也非常清楚所要搜集的是哪个大类的情况，但对细节一无所知。因此，如果不对预警指标清单进行更进一步的处理，我们在拟定预警指标清单时所投入的时间，有可能就会被浪费。

然而，通常拟定这种清单的原因是，需要将它们广泛地分发给其他分析人员、上级主管、搜集人员和前线站点，以便提供指南，让他们知道我们想要了解哪些情况。至少在理论上，每个地区的搜集人员都要有一个预警指标清单（当然，还要有关于搜集目标的其他指导原则和指令），每个动态情报分析人员都要经常查阅自己的清单，看看有多少指标显示为"正向"，或是自己的搜集差距可能是什么。如果那些刚开始接触情报流程的人员将预警指标清单奉为《圣经》，或者将其当作某种权威指南，这也不是什么罕见的事情。"让我看看你的指标清单文件"之类的话，并不是什么不寻常的要求。

当然，事情并没有这么简单。对于前线搜集人员来说，即使他们已经收到预警指标清单（但有时也没有收到），也不过是多了一份搜集指南，多了一份需要放进保险箱里的文件而已。事实上，从来不会有人专门针对预警指标清单上的某个项目向搜集人员提出问询。或许会有人就预警指标清单上的某个问题向搜集人员提出问询，而且确实有人这样做，但这与清单本身无关，而且人们也没有理由去查阅清单。如果某些具有潜在恶性意义的事情开始发生，那么搜集人员需要做的并不是先坐下来，重新研读手中的预警指标清单，而是要获得具体的指导意见，好知道到底应当在自己派驻的地区寻找什么（以及去哪里寻找），另外还要豁免许多例行的搜集请求，这样才能全神贯注地搜集最为重要的事项。

为了提供更加具体的指导，也为了不让详版清单给前线站点增加负担，我们做出一些尝试，编制了一些非常具体的清单，列举了对方为重大敌对行动做准备时，会在哪些特定城市或地区采取哪些措施。显然，这种清单只能由最了解这个地区的人员来拟定。在这方面仍有许多工作要做，不过事实将会证明，这种做法极有成效。这样一来，预警指标清单的范围就从笼统缩至具体，而且是具体到某个特定地区，事实可以证明，未来它在这个地区所能发挥的效用，将比以往任何时候都要大得多。

预警指标清单对后方总部的分析人员有什么用处？他将如何处置清单？很可能是放在办公室的某个地方，但不会常看。如果这位分析人员从最开始就在帮助拟定这份清单，那他基本上没有必要再行查阅，因为他每收到一份报告，几乎立刻就能知道它是否属于预警指标清单上的某个类别。但愿他偶尔也会查阅一下自己的清单，特别是如果他开始注意到有些动向可以提示即将到来的冲突或其他危机时，更应如此。如果他的期望不是太高，仍记得自己只是希望发现清单上所有指标的一小部分，就会觉得这份清单是一份相当有用的指南，可以帮助他对正在处理的当前危机形成自己的判断。

在正常时期，如果局势理应平静而且确实相当平静，没有出现令人不安的军事或政治动向，那么预警指标清单就没有太大的用处，除非人们需要定期得到"一切正常"的保证。预警指标清单确实不能适用于所有时期；它只是有时适用。"有时"的意思是，或许每十年才会出现两次真正的预警危机，但即使危机真的出现，我们也不应该把预警指标清单当作处理预警问题的解决方案。只在预警指标清单中某些项目上打钩的做法，以前无法生成预警，以后也不可行。它只是一种工具，并不是"灵丹妙药"。

（三）汇编征候

所有分析人员都知道，要想在极短的时间内，就几乎任何一个动态情报问题去搜集海量信息，是有可能做到的，而且当前人们对这个问题的兴趣越大，冗词赘语的篇幅就会越长。分析人员可以像在越南战争时那样，在极短的时间内，大量搜集原始情报、动态情报，以及关于当前局势的专项研究。衡量危机重要性的标准，有时就是它所触发的情报报告的数量。不论是古巴导弹危机，还是苏联和华约为出兵捷克斯洛伐克而进行的军队集结，都将引来铺天盖地的报告。不幸的是，并非所有这些都是原始报告。有些态势报告只是在重复48小时前收到的原始数据，却也如潮水一般涌向分析人员，因此分析人员很难看完所有报告，遑论将其存入可以轻松检索信息的文件归档系统。

这个问题没有"灵丹妙药"可以解决，至少现在还没有，下文的建议不一定是应对危机时的最好方法，甚至不是每天事态相对平静时的最好方法。目前尚未发现有任何东西可以取代良好的记忆力、对事件重要与否的辨别能力，以及对如何整合事物的理解能力。征候分析人员或许应当做好准备，以处理如下四个基础的归档或汇编问题：一是提取具有潜在征候意义的原始数据或信息；二是按问题或地区分类，将这些数据的要点汇编成易于使用的格式；三是处置短期的突发危机；四是保存长期的预警或征候文件。

（四）提取征候数据

征候分析人员必须得到基础原始数据。这些数据或是原文提取，或是在原文过长时进行适当摘要，并附有原始来源注释、评估和信息日期（不仅仅是信息获取时间）。如有必要，分析人员可以没有全部动态情报摘要、所有特定态势报告（除非它们包含新数据）和各种其他报告，但他不能没有基础信息。基础数据可在计算机系统中归档，并在各种文件标题下找到。显然，必须对数据进行分类，目的是保存人们一直都在关注的征候，剔除人们日后可能不再关注的许多动态信息。然而，每当存疑的时候，最好还是多保存一些，而不是少保存一些。

为了实现征候的目的，在对材料进行归档时，应当将它们归于某一动向发生的日期目录之下，而不是上报或收到材料的日期目录之下。你关注的是事件在时间上的相互关系，而不是信息何时变得可用。

预警指标清单中的主标题，可以作为文件中某些部分的标题，但预警指标清单中的具体项目，通常不宜作为文件标题。而最重要的是，分析人员应当保持系统的灵活性，也就是可以创建新的标题，可以修改标题，还可以将某些类别的标题分解成若干子标题。

研究人员必须当心，注意不要被困在僵化的系统中，因为这种系统在新的动向发生后，是无法随时扩充或修改的。设计系统的目的应当是让它为分析人员服务，而不是让分析人员为它服务。

事实证明，按照国家和关键词对这些文件建立索引的做法，有助于检索特定项目。然而，分析人员应该谨记，自己在整理保存主题文件的同时，实际上已经完成了手头研究的很大一部分工作。如果分析人员只是依赖某一种图书馆系统，那就必须逐个检索每一个项目，必须从头开始。如果涉及项目数量极大，这种做法可能非常耗时。

（五）汇编要点：征候年表

目前还没有设计出哪种征候方法，能像万事俱备的征候年表（indications chronology）那样有用或有意义。这种方法既适用于相对常态的情况，也适用于危机萌芽的情况，在常态时可以记录要点，在危机时可以接收大量材料。虽然它的优点很多，但必须指出，这是一项非常耗时的任务，需要投入最艰巨的努力，而这很可能就是极少有人会去准备此种年表的主要原因。

征候年表的目的是按照时间顺序（按事件发生日期，而不是报告日期），简要记录所有已知的动向、所报告的事实、据称存在的行动或计划、各类谣言，又或是任何其他可能预示进攻行动或其他异常活动即将到来的征候。在最初拟定年表时，没有必要证明各种项目之间存在相互关系，只需记录它们即可（显然，这些项目之间必须存在某种可能的联系，哪怕是极其微弱的联系也行，这样才能将它们列入一个项目）。最好可以添加关于信息有效性的注释（特别是未经证实或存疑的项目），另外如果可以注明来源，通常也是很有帮助的，但项目应该尽可能简短。年表还应该列举我方（或盟友）的重大行动，因为这些行动可能会引发敌人做出一些反应，或是有助于解释敌人的某些敌对活动。

在长达数月、缓慢形成的危机中（这里说的是常见的危机，不是异常的危机），在按照时间顺序记录信息之后，新旧材料之间的关系立刻就会变得一目了然。这时我们可以找到敌人做出决策的时间，也可以一眼看出其采取某项行动的可能原因。如果敌人正在进行大规模的军事准备，或许就能看到许多行动几乎是在同一时间启动的。上报时看似彼此毫无关系的事件，此时可能突然呈现出一种有意义的模式。此外，这是一种几乎万无一失的方法，使得分析人员不会遗漏什么信息；而之所以会有遗漏，或许是因为他在收到这些信息时还无法理解，又或许是不知道应该将其归档何处。年表是"收纳"异常现象的容器，**虽然并非所有的异常现象都会导致危机，但所有的危机都是由异常现象组成的。**

除了确保研究已经完成以及没有项目遗漏之外，分析人员还可以将年表草稿快速编辑成最终格式并紧急分发，另外他可以根据年表，轻易从中生成书面分析或证据摘要。若有大量材料传入，那就可以保持每天一页的制表频率，并在收到新的项目后加入表中，另外只有这些新页面需要重新编制，以确保它们都是最新动态。

这种方法非常方便，可以轻易保存一个地区或国家的重大动向的历史记录。此外，只要一个项目已被简要记录，就可以扔掉大量的纸张，极大地节省文件存放空间。关于重大危机的准确年表可以无限期保存，其他大部分数据可以进行销毁，然而这份文件仍将是最有用的危机记录。

（六）长期预警文件

> 不同于动态情报文件，随着时间推移，优质预警文件的价值可以越来越高。

动态情报文件很快就会过时，但随着时间推移，优质预警文件的价值却可以越来越高。在情报中，最有价值的文件是保存下来的关于重大危机的征候文件，因为大多数分析人员的研究文件已经销毁，如果有人试图从最初的原始材料中回顾基础数据，面临的将会是一项几乎无法完成的任务。

征候机构所能做的最有用工作，就是保存关于危机局势和预警问题的文件。这包括上述原始材料的摘录，以及年表和专项研究。应当采用事后分析的方法来研究相关事情，以及事发当时人们分析和报告这些事件的方法，而且这种做法非常有用，可以推动我们今后对征候和预警方法开展研究。如果此类文件汇编得当，那么通常来说，几乎所有其他关于这个问题的动态信息都可直接销毁。不能仅仅因为危机文件和研究报告是陈年资料，而且多年来对它们没有需求，就将其弃如敝屣。1956年匈牙利"十月事件"之后，关于苏联对此所做的反应，十年来研究需求极少，但在1968年夏天，人们的兴趣明显高涨起来。同样，1967年6月"六日战争"期间，关于苏联在1956年苏伊士危机中所做反应的研究，突然开始大受欢迎。

征候分析人员或机构还应当保存一种文件，那就是关于一个国家如何开战的基础数据：警戒和战斗准备的程序、关于动员的法律、关于重要战争的推演或演习的研究、民防学说和实践，以及许多其他类似的材料。这些材料很少有人需要，但如果面临敌人可能动用军事力量的威胁时，它们就是至关重要的。

二、征候分析的基本要点

在情报领域，征候分析与情报判断流程之间似乎没有什么区别；那么，为什么要研究征候分析？它有何独到之处？预警分析与其他情报分析之间的区别主要在于程度上的不同，或者可以说是强度上的不同。对于预警而言，最有用或必不可少的分析因素和方法，在情报分析的其他领域也以不同程度被需要。尽管预警分析问题单独看并非独特，但它们结合起来构成的复杂难题无疑是特别的，似乎值得一些特别的考虑。有些关于征候研究的基本要点是分析人员（及其上级和更高级别的官员）必须了解的，具体如下。

（一）承认我们对情况的了解存在不足

进行预警分析时，首先必须真切地认识到，在敌人或潜在敌人控制的地区，我们对每日动态到底有多了解，或者更准确地说，到底有多不了解。许多人，事实上可能是绝大多数人并没有积极地在这些地区开展搜集或研究，因此关于我们目前对局势的了解程度，以及搜集能力的真实水平等问题，他们的认识往往都是扭曲的。

通常来说，如果人们对情况的了解是流于表面而非深入细致的，往往就会以为我们对当前局势的了解程度很高，但其实不然。这种倾向夸大了我们当前对情况的了解程度，也夸大了我们的搜集能力。这是多项因素造成的，也许其中最重要的原因是，我们掌握的关于其他国家的总体、长期、基础的情报往往是相当优质的，甚至非常出色。我们可能真的非常了解叙利亚部队的位置和实力、波兰的军工生产情况，以及某种程度上与这些国家的能力和意图有关的无数其他事项。如果观察人员经验不足，就不会明白获得这些信息需要多花费很长的时间，也不会明白我们对当前情况的了解，是多年艰苦搜集和细致分析的产物。他也不会明白，我们掌握的一些最优质信息，在获取之前可能就已经存在几个月甚至好几年，而且当前几乎不可能获得如此高质量的动态信息。

同样不可否认的是，某些搜集系统的主管领导往往给人一种印象，即以为他们对当前局势的实际了解程度，或是提交报告的详细程度均比实际要高，但其实并非如此。事后分析和回顾性分析都是声名狼藉的工具，因为它们可以用来详细阐述各种军事事实和分析人员做出的解读，让人以为在事件发生的当时，所有这些资料真的都是可用的，并且已经送到情报用户手中。这种报告方式非常自私，虽然可以有效达成预算目的（事实上，这正是存在此种扭曲报告方式的最常见原因），但将对情报界的其他人员造成实质性伤害。无怪乎外部调查人员（以及国会各委员会）对我们的动态搜集能力有一种完全错误的印象，并因此往往会将错误归咎于分析流程。然而他们看到的只是错误中的一部分。

情报机构的一些成品报告也会让人产生这样一种印象，以为我们对局势的了解比实际更加及时，但其实也不然。在一支部队创建或调动几个月甚至几年后，战斗序列摘要中才会采信这些活动情况，但通常不会提及活动实际发生的日期。在获取和报告其他重要基础数据方面，也存在类似的时间滞后。关于这一点，直接相关的分析人员非常清楚，但绝大多数读者并不知道。

人们认为情报界应当每天就当前局势做出判断，比如针对那些习惯性隐瞒或试图隐瞒几乎所有战略信息的国家，判断其军事准备或战备水平。尽管如此，但情报界在研究其所能感知的总体局势之后，并未发现任何明显异常，由此得出结论，认为局势总体上是正常的，敌方所有部队都在各自正常的驻地，而且处于相对较低的战备水平。事实上，如果每天或每周做出的都是这种判断，那么判断依据可能就是对当时实际发生事情的最肤浅了解，而且这种依据是相当错误的。不过，很有可能所做的判断是正确的，但这不一定是因为我们知道当时发生了什么事，而是因为在大约95%的时间里，确实一切正常。因此，即使没有收到动态信息，这种陈述也很可能是正确的。它很可能会让大多数读者以为这些判断是基于大量证据做出的。就是说，如果我们知道什么时候事情是"正常"的，显然我们也应该知道什么时候事情是"异常"的。

有一些军事和政治动向，我们有很大概率可以在许多国家，在事发当时马上发现它们，而且只要它们发生，往往就会被认为是异常动向。如果是军事活动，最常见的情况就是大量部队的大规模部署，特别是在开阔地带、运输干线沿线，或是最能发挥我方探测能力的前线地区。某些非常明显的政治异常现象，比如领导人取消预定外访，或反常的外交或宣传动向，往往也可被称为"异常"动向，即使这些举动的目的尚不明确。这些动向虽是一目了然的，但可能只是敌人正在进行的活动中最微小的组成部分；至于这项正在进行的活动，有可能就是为未来敌对行动所做的初步准备，但在此时被彻底隐瞒了。

我们每天都在观察外国的动态情况，但哪怕是在搜集和基础情报做得最好的地区，观察结果也远不及实际情况的冰山一角。自然灾难和人为灾难、叛乱、重大内部斗争（严重时甚至可以驱逐重要官员）、数千人规模的军队动员，以及一系列其他军事准备等情况，都曾经成功地被敌人隐瞒，不让我们察觉，而且几乎肯定会再次隐瞒。在与情报流程有关或依赖这个流程的群体当中，很可能只有相对较小比例的人员可以充分认识到或承认敌人的隐瞒能力。只有在敌人发动真正突袭，并且是发生在我们眼皮底下的时候，我们才会发现对方实施隐瞒的事实。

古巴导弹危机中那些引人瞩目的地方，以及我们延迟发现古巴出现战略导弹的情况，让人忽略了一个非常重要的问题：在1962年的春夏两季，在苏联为了能向古巴部署导弹和导弹部队而进行准备的过程中，当时到底发生了什么事。我们往往忽略了一个事实：我们对当时事情的了解，几乎完全依赖于我们在公海和古巴所做的观察。

成千上万的战斗人员从苏联来到古巴，随之而来的还有可供多个满编地对空导弹营和中程弹道导弹团使用的装备，以及坦克、短程导弹和大量的空中、海上和电子设备——所有活动既没有在苏联国内引起明显的涟漪，也没有相关传言流至西方。直到我们发现有一小支"远征部队"乘船而来，才意识到确实有异常事件发生。或许，按照苏联的标准来看，这堪称是安全领域中一项非凡的成就。

在讨论完美隐瞒的行动时，第二个示例就是1961年8月13日凌晨关闭柏林东西分界。预警分析人员经常抱怨说，现有可用的征候都被忽视或未受重视，但这次却很难找到被忽视的证据。事实上，现有可用的征候都已得到仔细分析，而且单从这些征候自身来看，并不支持"苏联和东德将会关闭该地区的东西分界"这种可能性。现有可用的证据其实倾向于指出，他们将要关闭的是由东向西的单向分界（从东德进入柏林的通道），用这种方法来减少大量难民流向西方，是一项不太激烈但不太有效的举措，也不会违反关于柏林地位的四国协议。为关闭该地区分界而进行的准备活动，实际上几乎全都是在西方巡逻队的眼皮底下进行的，却几乎做到了彻底的出人意料。这一成功其实还有更加显著的意义，因为当时人们认为，我们在东柏林以及通过东柏林直至东德的搜集能力都是首屈一指的，优于我们在共产主义世界其他任何地区部署的情报能力。美国情报界从上到下都有一种错误的信心，认为这里的搜集力量会让我们了解共产主义阵营最有可能做什么，也认为他们的此类计划总会以某种方式泄露出去。

分析人员应当从此类事件中吸取的教训是：

1. 观察到的那些非常明显的异常现象，很可能只是所有异常现象中很小的一部分，而且必须假定正在发生现象的数量，远远多于我们所能察觉的现象；

2. 即使在我方搜集力量非常强大的地区或情况下，即使我们掌握了很多信息，但这种对情况的了解流于表面，可能会带有欺骗性，而敌人隐瞒情况的能力或许比我们通常以为的要更加强大。

（二）关于突袭的假定

有种假定与"承认我们对情况的了解存在不足"这种认知密切相关，并且对征候方法来说至关重要，那就是假定敌人通常会尝试对我们发动突袭。如果敌人不能或不去尝试彻底隐瞒自己准备采取的行动，那他至少会尝试在计划和准备等方面欺骗我们。

由此可知，预警分析人员必须以怀疑甚至彻底质疑的态度去研究敌人的日常动向，不论当时是否有重大原因，令我们必须特别担忧他的意图。征候分析人员将审查每一则异常的信息或报告，看它们有没有可能是敌对行动或其他突袭行动的前奏，即使当时的情况并没有特别的理由需要警惕。这位分析人员不会放弃具有潜在预警意义的信息，除非他能够确定，或至少合理地确定这些信息是错误的，又或是确定关于当前异常现象，真有令人满意的"其他解释"。如果现实证明某个异常动向确实是恶性的，他就不会采信那个最让人放心（或最不让人担心）的解释。他会有意识地努力开展分析流程，同时对无法解释的异常现象保持警戒，另外还会去抓住那些可能对征候来说非常重要的信息碎片。

> 预警或征候分析人员的职责是保持警戒，防备某个其他国家可能已经开始为敌对行动做准备——不管这种可能性现在看起来多么低。

因此，这种方法与动态或基础分析人员的方法有所不同——在某些情况下明显不同，甚至不同于评估人员的方法，尽管所有人员都在使用某种基础信息。预警或征候分析人员的职责是保持警戒，防备某个其他国家可能已经开始为敌对行动做准备——不管这种可能性现在看起来多么低。至少从理论上讲，在感知这种可能性方面，征候分析人员是遥遥领先于分析界其他人员的。如果情报系统正常运行，那么他的职责就是不断提出关于敌人可能动机的问题，提醒其他人员注意他们可能忽略的信息，以及敦促他们针对可能对预警来说非常重要的事项，开展更多的搜集活动。他是魔鬼代言人，是情报界其他人员的眼中钉。这种方法有时也被称为假设出现了"最坏情况"。

> 他是情报界的魔鬼代言人。

这一点存在很多误解，有许多人嘲笑征候分析人员，觉得后者总是喜欢嚷嚷"狼来啦！狼来啦！"某些人员（通常是接触预警情报最少的人员）认为这种情报名声欠佳，因为他们认为征候分析人员总是在不停地提出最危言耸听的解读，还认为部分原因是后者为了证明自己存在的价值，又或者是觉得后者必须这样做才能挣到薪水。在他们看来，虽然征候分析人员提出意见，但幸好还是聪明人更多一些，所以动态情报或估计流程就可以处置这些"危言耸听者"，让他们安分一些。

有人认为，即使是思维敏锐且经验丰富的预警分析人员，也总是在不断而且急切地向其上级提出最危言耸听的解读，又或者他们自己就是毫无理性且并不可靠的人员，对此我们需要强调一下，必须摒弃这种观点。任何负责任的征候分析人员都不会以"最坏可能"的视角去分析每一条劣质谣言，也不会非要给每种异常现象都找出最坏可能的解读。他基本不会或者绝对不会因为某一份报告或某一个征候，就让情报界保持警戒。要想防备发生意外的可能性，就应当保持开放和怀疑的心态，在搜集和分析证据时做到勤勉认真且富有想象力，而所有这些都要求人们不得草率行事。

事实上，过往经验表明，如果预警人员的能力足以胜任，同时非常熟悉相关事实，往往还能够从反面发挥作用；他们有时能够遏制一些危言耸听的谣言或未经证实的报告引起的恐慌，特别是在国际形势较为紧张或是弥漫危机气氛时。努力搜集事实的结果是，分析人员所能做出的分析将是合乎逻辑的，而且有望比他使用其他方式做出的分析更加客观。

（三）相关信息的范围

> 预警情报不但必须处理一目了然的情况，还必须处理并不明朗的情况。

努力搜集事实和可能事实的结果是，征候分析人员应该有望汇总和分析所有可能与问题有关的可用信息，而不仅仅是最近刚刚收到的信息，或是最明显或最容易被人接收的信息。预警情报不仅要处理一目了然的情况，还必须处理并不明朗的情况。它必须考虑可能与手头问题相关的所有信息。如果人们接受了关于突袭的假定，可以由此得出以下推论：敌人准备要做的事情，并不一定是最一目了然的，也不一定是最看似合理的。

我们之前说过，要想进行预警，就必须开展详尽的研究工作，而且分析人员必须掌握基础原始数据。准备年表就是一种非常有用的方法，这样分析人员可将与该问题相关的各种报告和信息片段，汇总成易于使用的格式，即使它们的相关性还不能十分肯定。

不论是即将到来的危机，或是国家做出重大决策和进行重大准备的时期，都有一个特征，那就是会出现大量异常的动向，而且往往会有更多未经证实、无法解释或令人困惑的报告或谣言。其中有些是真的，但并不重要；有些是假的，但如果是真的，可能就会非常重要；有些是真的，或半真半假，而且非常重要。但是，这些报告中的多数根本无法确定到底是否重要，也无法确定它们是否具有相关性。更加有趣的是，这可能永远也无法确定。时间既不会证实也不会否定某些信息的相关性。正是出于这个原因，再加上其他原因，所以事后分析时即使已经真相大白，人们往往也无法达成一致意见。

关于哪些事实、已知事件、已报告动向或谣言与敌人将要采取的行动有关，以及总的来说当前发生的事情与此类行动的关系有多大等问题，正是预警情报中最为棘手的问题之一。可以肯定地说，关于在真正复杂局势下什么事物才具有相关性这个问题，哪怕只有两个人，很可能也无法达成完全一致。最极力批评征候方法的意见认为，这种方法不但倾向于将所有异常或无法解释的动向都视为潜在的不祥征兆，而且认为它们是彼此相关的。同样的批评也经常针对年表，理由是它倾向于将许多动向或报告汇总起来，虽然这样做的原因是它们发生在同一时间，但实际上它们之间并不存在这种明显的因果关系。显然，如果征候分析人员真的不顾一切，只为证明在各种报告与那些有效性和（或）重要性并不确定的动向之间，确实存在某种不祥的联系，那上述批评基本上也没说错。

为了可以公正地评价征候方法，我们必须指出：在危机结束之后，如果回顾一下，就会发现事后被认定为具有相关性的信息，其数量几乎总是要比事发当时大多数人以为的更多，而不是更少。事后被证明是正确的方法，几乎都是极具想象力的方法，而不是束手束脚或循规蹈矩的方法。能够在表面上似乎没有直接关联的事件与报告之间发现关联，或至少是可能的关联，正是预警流程中一项非常重要的能力，但很可能这项能力尚未得到重视。情报的规范流程，以及重视彼此协调和"商定立场"的流程，往往会压制那些独立的、更具想象力的分析。必须鼓励而不是劝阻"时事短评"和思辨分析。在进行预警评估时，必须考虑那些可能与问题相关的信息，无论它们能否得到"证实"。从很大程度上讲，正是因为没有看出苏联、德国和古巴等危机中事件的相关性和相互联系，所以我们迟迟没有发现苏联正在做准备，打算在1962年的夏季发动战略大冒险。

如果我们尝试评估在某个特定局势下，什么事件具有相关性，什么事件不具有相关性时，最好遵循一条重要且通常也很有效的箴言。一般而言，对任何一个国家来说，它准备发动的军事冒险规模越大，风险越高，很可能结果就越重要，决策就越关键，其所衍生的变化也就更多。衍生变化越多，我们就越有可能在大量不同的活动领域发现异常现象，因为这个国家正在做准备，即将发动最后的大决战。在这种情况下，许多看似不相关的事物，其实确实与这种局势是相关的，即使不是直接相关，也是间接相关。它们可以成为时事氛围的一部分；也可以助长一种不安感，让人发现情况不对或不正常，有什么大事正在酝酿之中。如果将此类"碎片"贬斥为不重要或不相关，并予以摒弃，就无法把握那种氛围。只有在这种情况下，情报系统才能做好充分准备，将更加全面的信息认定为具有相关性，进而取得情报成功。如果情报系统已经察觉到一系列异常现象，并认为它们与此类动向相关，它就会做出更加充分的准备，以便确认那个即将到来而且极其重大的事件。用路易斯·巴斯德（Louis Pasteur）的话来说，就是"机会总是偏爱有准备的人"。

（四）客观性与现实性

必须客观地分析数据，现实地了解真实局势，这些是预警中最重要的因素。必须有能力保持客观，在分析另一个国家应该做什么或应该如何行事时，抛开自己的先入之见，尽可能现实地看待所有证据，因为不论对于征候分析来说，还是对于最终在这个流程的每个阶段发布预警判断来说，这些能力都是至关重要的。无论是谁，在预警领域的经验越是丰富，就越有可能相信客观性；另外，此人也会掌握一种能力，即从他人角度去看待局势，而这种能力正是预警中最关键的因素。在人们看来，有太多的预警失误应当首先归咎于人员这个因素（无论是个人还是集体），因为这些人员未能实事求是地对证据进行审查，而且他们得出结论的依据并不是证据自身，而是他们自己对局势的主观感受。

当笔者告知美国政府中负责预警工作的某个最重要机构，称自己正在策划本书时，对方却说："你要写些什么呢？每次都是一样的。他们就是不相信自己收到的征候。"

拒绝与自己的假设或先入之见不一致的证据，拒绝承认或相信令人不快、令人不安或是可能令自己上级感到不安的事情——这些失误远比大多数人以为的更加常见。预警分析人员可能遇到的最常见也最令人疯狂的障碍就是，有人会说："是的，我知道你发现了所有这些征候，但我就是不相信敌人会那样做。"1950年的韩国、1956年的苏伊士、1956年的匈牙利、1968年的捷克斯洛伐克，以及1973年的埃及进攻以色列……在这些案例中，我们并不缺少征候，甚至在某些案例中会有大量正向的征候，只不过太多的人不能或是不愿相信它们。

现在，仅仅是暗示说他们可能没有进行客观思考，大多数人员的反应就会是非常愤慨的，因为这是对自己智力和人格的侮辱。他们会说，他们是进行了客观思考的，而你或其他人才不是这样；他们的思维是开放的，你才是基于完全不充分的证据便妄下结论。在这种情况下，现场气氛往往就会充斥非常情绪化的东西。各方立场往往会变得更加强硬，各种观点也更加不可能彼此调和，客观性也就更加难以实现了。

我们要想了解预警活动，首先必须承认，没人能做到完全客观。我们都在某种程度上受到自己的先入之见、信念、教育、早年培训以及个人经历中各种其他因素的影响。有些人会比其他人更加客观，个中原因尚不完全清楚。也许更准确的说法是：在一些其他人难以客观对待的问题上，他们能够更加客观。然而没有人是完美的。

我们必须认识到，客观思考的能力不一定与高智商相关，另外在一个领域持有的客观性，也不一定会延续到其他领域。宗教和政治的历史可以提供充分的例证：有些人士虽然有着伟大的学术成就，但他们的观点却是极度偏颇和教条主义的。我们还可以引用杰出科学家的案例（假定他们能够在自己的专业领域进行非常客观的分析），当他们尝试在其他领域开展研究时，看起来几乎全都有令人难以置信的天真幼稚或不切实际。整个社群甚至整个国家（如马萨诸塞州塞勒姆镇[1]、纳粹德国）都有可能成为大规模歇斯底里症的受害者，做出这种毫无理性可言，甚至令他人感到完全不可理喻的行为。我们谁也不能幸免。我们都是理性的，但也都是感性的。

对于分析人员和整个情报界来说，认识并面对这个问题是非常重要的事情。这不应该是一个禁忌的话题。游戏规则通常不允许公开挑战同事，当然也不允许挑战上级，不能质疑他们为什么不肯采信特定的证据，或是他们这样做时到底是怎么想的。然而，这可能正是他们做出评估时最关键的因素。在这种情况下，如果能够引导他们尽可能解释自己的思考过程，即推动他们以这种方式去思考问题的真正原因，将会有很大的帮助。仅仅是讨论此事的过程（但愿是冷静地讨论）就可以帮助他们认识到，他们自己在评估证据时的依据，其实并不是证据本身的是非曲直，而是自己的先入之见。我们还有更好的方案，那就是去找那些没有过多亲身参与这个问题的研究，只是在听取讨论的其他现场人员，或许他们可以发现问题到底出在哪里。多年来，经验丰富的征候分析人员一直认为，预警其实是心理学家该管的事情，而且这并不是在开玩笑。是什么原因让一些人无法以更加客观的方式去审查证据，甚至在另一个分析人员看来似乎是不言自明的征候，却被他们一而再、再而三地加以否定？为什么一个分析人员认为对问题来说非常重要的特定信息，另一个分析人员却倾向于认为它不太重要并加以贬斥，或者干脆完全加以摈弃？为什么面对同样的信息时，人们会有如此巨大的观点分歧——不是细枝末节的分歧，而是截然相反的分歧？

有人认为预警涉及心理因素，而非严格意义上的智力因素，这种观点得到学术界的支持。社会科学家研究了个人和集体信念的构成和性质，以

---

[1] 这里指的是塞勒姆女巫审判案。1692 年，美国马萨诸塞州塞勒姆镇有位女性忽染怪病，人们认为是女巫作祟，随后该镇及周边地区人人自危，继而疯狂地相互指控，最终导致 19 人被绞死，1 人被石头堆压死。——译注

及它们与国家决策之间的关系，得出以下结论：第一，个人不能客观地感知和评价所有的新信息，相反，他们可能会用自己先前持有的理论或概念模式来处理新信息，又或者可能会将新信息贬斥为"不具有相关性"并完全加以摈弃；第二，如果个人已经排除某一事件发生的可能性，或是认为该事件极不可能发生，一旦传入数据与他的结论相互冲突，他也会予以忽略或是摈弃；第三，需要大量明确的证据才能克服这种先入为主的判断，或是让这位分析人员改变自己的立场，承认这个事件有可能发生，甚至很有可能发生；第四，如果个人现有的参照体系无法采信这种与自己矛盾的信息，或是不能通过这些新的信息来修正自己的观点，那么最极端的结果可能就是，此人将以保守的思维方式，对局势做出高度情绪化的判断。

上述所有反应都是在预警流程中观察到的。毫无疑问，这些情况在不止一次危机中发生过。

（五）必须立即得出结论

> 预警分析人员通常没有太多的时间可以挥霍，所以无法开展进一步的搜集和分析，也无法拖到"所有证据全部到位"之后再做判断。

征候分析的问题最多只是一般复杂而已，但相关要求是必须在所有证据变得可用之前，或是这些证据得到充分的审查、评估或分析之前得出结论或判断，这种要求会使问题的复杂程度扩大到不可估量的地步。预警分析人员通常没有太多的时间可以挥霍，所以无法开展进一步的搜集和分析，也无法拖到"所有证据全部到位"之后再做判断。这位分析人员曾学过如何仔细研究，也就是必须做到位，必须在看到所有可用信息后再做决定，必须反复检查，必须多花时间，必须得出"明确"而非仓促的判断……但在许多情况下，他必须放弃自己曾经学到的所有这一切。他接受的学术训练越是充分，就越会努力践行这些原则或习惯，于是当他面对动态情报或征候情报的实际情况时，也就越难修正自己的方法。有的分析人员永远无法做出这种调整。在基础情报的某些长期领域，他们可能是非常出色的分析人员，但他们不应被派到征候这个领域。

薄弱性、不确定性、疑点重重和自相矛盾，都是每一个真正预警难题的特征。只有在开展事后回顾的时候，才能确认某些信息的相关性、意义和可靠性，但还有一些信息的要素（通常数量惊人）是永远无法确认的。然而，回想起来，许多不确定性或是被人遗忘，或是似乎消失不见了。即使是那些积极处理此类问题的人员，往往也会在开展事后分析时才发现，他们在事发当时自以为非常了解情况，实则不然。至于那些被派来针对错误提出评论意见的人员，或是针对情报失误开展调查的人员，这些局外人更是无法真正理解当时的问题到底有多复杂，有多棘手。

三、具体的分析方法

（一）推论、归纳和演绎

开展征候分析和得出预警判断等活动，几乎全都是推论的过程。此外，这在很大程度上是归纳而非演绎的推理结果。又或者说，为了简化某个非常复杂的问题，人们会从一系列"事实"，或者更准确地说，一系列人们认为是事实的东西中得出预警判断，并从关于这些事实的概念中得出推论或判断，最后得出最终的一个或一系列结论——这种结论表述的不是绝对性，而是可能性。这个过程是高度主观的，推论和最终结论无须直接从事实中得出，因此，人们在这个过程中的想法差异极大，有的想要得出具体推论，也有的想要得出一般结论。

本书并非讨论逻辑本质的专著，因此我们可以使用简单的字典（《韦氏词典》）定义：

推论（inference）：将一个或多个被认定为真的命题、陈述或判断的真实性，转移给另一个命题、陈述或判断的行为，这期间人们认为后者的真实性是从前者中得出的。

归纳（induction）：从部分到整体、从特殊到一般，又或是从个体到整体的推理。

演绎（deduction）：从一般到特殊、从整体到个体，又或是从给定前提到必然结论的推理。

在预警中，分析人员有可能无法选出可用的证据。在这种情况下，他必须从信息碎片出发，从特殊情况出发，得出一般性结论，另外他不能设置某种特定的逻辑前提，并通过逻辑方式得出（或必然得出）某种结论。（如果他因为对局势做出预判，从而获得了足够的准备时间，或许就能够以直接或间接的方式去影响情报搜集工作。[1]）通常来说，他必须对案例中的事实及其意义做出判断，但判断的依据是极不完整的信息，以及少量"事实"样本，而且此时他并不知道自己是否真的掌握了某些有可能最为重要的数据样本。

到底需要多少证据，才能做出特定推论或得出某种一般性结论？在处理某种类型的军事信息，特别是在分析战斗序列和动员情况时，这个问题就会浮现出来。在开展分析时，传统的战斗序列法与征候法存在根本性的区别。

---

[1] 在这种情况下，分析人员将采用演绎方法，对不确定的信息做出分析。以1973年中东十月战争为例，就在以色列遭遇突袭之前，一名以色列情报分析人员在审查那些对军事分析人员可用的信息时，虽然使用了假设方法，但却得出了令人信服的结论。参见 Isaac Ben-Israel, "Philosophy and Methodology of Intelligence: The Logic of Estimate Process." *Intelligence and National Security* 4, no. 4 (October 1989): 660-718。

普通的战斗序列法可以评估敌国军队的实力和位置，它是对敌军的每一支部队逐一进行审查。在理想情况下，战斗序列分析人员先要找出总体样本，然后才会对总体实力做出判断。通常来说，他需要掌握关于每支部队的正向证据，然后才会做出判断（即"承认"以下事实）：该支部队已经重新列装了更加现代化的坦克或性能更高的飞机；已经开展动员，增加了人员和装备，因此已经达到战时水平。通常情况下，传统的军事分析人员非常不愿意承认任何新的军事部队的存在，也不愿承认该支部队正在组建当中，除非他已经确定这些部队的位置并识别出它们的番号；换言之，就是它们已经满足了某种战斗序列标准。即使掌握了大量其他信息，足以说明事实上有大规模兵力调动正在进行，这位分析人员仍可能不愿承认。

同样的普遍规律也适用于部队调动的情况。如果只有大量关于敌人地面部队调动和飞机活动的报告，这是远远不够的；这位战斗序列分析人员想要的，是能够证明某支特定部队已经调动的证据。因此，他的方法从本质上讲是缩小而不是扩大范围。通常情况下，他给出结论时，不会说敌人已经调动部队的数量其实比目前能够确定番号的调动部队还要多，也不会说因为有证据表明已有一两支部队开始动员，所以其实已有多支部队开始动员。

再者，征候分析人员必须考虑以下情况：他所看到或是能够证实的，可能只是整体中很小的一部分；又或者他可能必须根据证据样本，得出关于敌人正在做什么的更加一般性的结论。如果可用信息并不具体，但已表明敌人正在大规模征兵，又或者征候分析人员发现他能观察到的某些部队开始动员，那么他会认为，其他部队很有可能甚至肯定也正在动员。在危机发生地区，如果一支部队已经发放了基数弹药，那么其他部队很可能也发放了。如果已知一些部队正在向前线或危机发生地区部署，但其他部队情况不明，那么相比战斗序列分析人员，征候分析人员往往会更加重视"有更多部队正在部署"这种可能性。至少他会认为，现在可以证实的或许只是此事中最小的一部分，而不是最大的那部分。预警分析人员之所以会采取这种方法，并不是因为他想从并不充分的数据中得出一般性的判断，也不是因为他天生轻率，喜欢妄下结论。他采取这种态度的原因正是预警问题的本质。在危机时刻，以更加悠闲也更加传统的方式开展分析，这种做法太过奢侈，后果可能是我们承担不起的。尽管我们希望首先掌握所有数据，然后得出结论，但我们可能不得不根据潜在可用数据的样本，或是我们能得到的任何数据，做出一般性的判断。到底需要多大程度的采样率，才能让我们得出一般性结论？在不同的具体情况下，答案各不相同，并且很有可能在任何情况下，都会成为预警分析人员与更加传统的军事分析人员之间激烈争论的话题。问题的关键在于，即使归纳（即扩大范围或一般性的）分析做出的判断必然是初步的，并且会受到某种误差的影响，也必须承认这种分析原则在这些情况下是有效的。纵观历史，情报部门通常会低估危机中动员和部队部署的规模。

基于有限数据得出一般性判断的做法，当然可用来处理在潜在危急局势下收到的其他类型信息。即使是分析政治信息或宣传趋势的意义和重要性，这种评估的依据也必须是确实发生的事件样本，而且从本质上讲该评估必须是推论或归纳性质的。然而，由于太多的政治规划和准备活动遭到隐瞒，也由于其他政治证据太过模糊或不确定，在危机中开展的政治分析将会更加复杂，更加主观，不像军事事实那样是可以查明的。

（二）采信新数据

与调查和分析的其他许多领域一样，关于情报有这样一种现象：有些类型的新信息或数据通常不会被我们收到，但如果它们真的出现了，就会带来非常棘手的难题，而且人们对于它们的反应很可能会极其保守。这里的保守就是指采信甚至处理新信息时速度缓慢，由以下几个因素造成。第一个因素是"认真研究"这个基本法则，即我们不应急于做出判断，除非可用的数据已经非常明确，足以让我们确定信息的意义和重要性。第二个因素通常是没有公认的方法可以处理新型信息；由于它们是新的信息，分析人员不能确定如何分析处理，而是希望能有更多的时间对其进行思考，并与其他分析人员进行讨论。第三个因素很重要，即情报组织没有做好准备，无法处理这类信息或分析；没有指派专人负责此类问题，因此往往将它们搁置一旁，甚至不承认它们的存在。第四个因素是，许多个人，可能还有大多数的官僚组织，天然不愿在这些问题上冒险，因为它们是新的，是有争议的，另外最重要的是，它们对更高级别官员和政策制定者来说可能是坏消息。

这些因素（可能还有其他因素），不论是以个体还是以集体方式发挥的影响力，都会使情报系统在分析和采信数据时，延迟数周、数月，有时甚至数年。很可能非分析类人员几乎不会意识到这一点，但我们可以列举实例，说明确有在对数据进行分析和报告时出现延迟的情况，而且现在回想起来，会觉得这种情况简直不可理喻。即使通常极具洞察力和想象力的人员似乎也会失误，无法察觉到新的事情已经发生，或是情况已经发生了变化。对于同样的证据，他们不愿意在这种情况下予以采信；但在其他情况下，特别是在有适当先例的情况下，他们会毫无疑义地予以采信。

为了避免有人指责笔者夸大其词，我们将列举几个示例。有一位负责处理苏联政治情报的主管领导，非常睿智，也非常老练，但却对"苏联在20世纪50年代中期准备向中东出口武器"的判断进行了长达数周的抵制（最后还在报告中做了一个脚注，以示反对）。他的理由是：尽管证据几乎是压倒性的，直至今天也不会有人质疑，但苏联以前从未向共产主义阵营以外的地方出口军备，因此以后也永远不会。

关于部队调动、动员和其他战斗序列变化的信息，人们迟迟不予采信，此种延迟只是因为证据是新的，并不是因为按照后来采用的标准来看，这些证据在当时是不充分的。对此，我们可以举出无数示例加以阐释。在此仅举越南战争中的例子，便足以说明问题。

战斗序列分析人员足足拖了 10 个月的时间，终于承认北越确实派出了 2 个团的先头部队，并且已于 1964 年至 1965 年的冬春之交抵达南越（另外还有 1 个团稍晚，是在 2 月抵达的。此事在 7 月才得到采信）。随着 1965 年其他几个团抵达的情况同时得到采信，以及北越向南越部署多个满编团的事实也得到采信，自此以后，部队抵达与分析人员予以采信之间的时间间隔很少超过 2 个月，而且往往更短。

北越于 1964 年开始扩充军队，并于 1965 年进行了大规模扩军和动员。关于此次动员，大部分的证据来自公开声明以及关于大规模征兵的其他间接证据，而不是来自传统的战斗序列信息。（在根据河内关于此次动员的声明得出结论之后，战斗序列分析人员却拖了好几个月，有时甚至是好几年，才予以确认。）河内宣称已有数千人（有时说是数万人）奉命前往南越"前线"作战，但人们为什么就是极度不愿采信他们如此透明的声明呢？这在当时和现在都是一件很难理解的事情。过度依赖战斗序列方法论，坚持认为敌人的一切言论都应被斥为"宣传"的错误观念等，无疑都是个中原因。然而，随着时间的推移，河内的报纸和广播评论的价值终于开始得到承认。

几年后，北越关于征兵的公开声明越来越多，我们才正常地将其采信为证据，证明确实他们正在征兵；而在 1965 年至 1966 年，虽有大量类似的证据，但我们并不予以采信。

引用以上例子只是为了举例阐释。毫无疑问，我们可以从战争史中找到许多其他的例子，有些可能更为严重。事实上，不愿分析或采信新类型数据的情况，对于预警情报来说是一个非常严重的问题，上级主管尤其应当对此保持时刻警戒。在审查征候清单草稿时，只要将这些项目与最终采信并可刊发的项目进行比较，往往就能看出，征候分析人员采信证据的时间，往往早于情报界一致采信的时间（有时可以提前数周），尤其在新情报方面更是如此。令人欣慰的是，我们可以看到这项差距似乎正在缩小，说明现在比以前更加愿意使用征候方法和新型数据。

除了需要客观性之外，还应当有能力发现变化已经发生，应当明白即使新信息无法得到彻底证实，也必须予以考虑，这些都是预警分析得以成功的基本要求。在预警工作中，延迟可能是致命的。分析人员和整个系统都必须承认变化和新的事物。

> 经验表明，在某个领域有所擅长的专家，并不一定最有可能发现并承认变化或新型数据。

有趣的是，经验表明，在某个领域有所擅长的专家，并不一定最有可能发现并承认变化或新型数据。总体来说，最不愿相信苏联会在古巴部署战略导弹的，正是那些苏联问题专家。有人说，专家往往会死守自己的传统观点，相比那些较少从事此项研究的人员，拥有专长的专家反而更加不愿改变自己的立场，看起来这个观点不无道理。

（三）了解敌人的想法

本节标题或许颇具误导性。没人奢望可以彻底了解别人，尤其是敌国领导人的真实想法。奇普·波伦[1]是一位经验老到的苏联问题专家，他发现自己的口头禅居然是"我喝多少酒也不会醉"和"我太了解俄国人了"。

理解其他大国的目标、思路和决策流程的道路显然充满了风险。尽管

---

[1] 查尔斯·"奇普"·波伦（Charles "Chip" Bohlen），美国国务院苏联问题专家，1953 年任美国驻苏联大使，1957 年任国务卿苏联问题特别助理。——译注

如此，但我们仍然必须加以尝试。不论分析人员、情报界、政策制定者，还是军事规划人员，都必须以勤勉认真且富有想象力的方式，努力从对方的视角去看待问题或局势。不论是判断上出现的巨大错误，还是对敌人的意图做出最具灾难性的错误评估，原因都是没有从对方角度去感知或了解情况。多年以来，人们都会在预警中犯下感知错误，其中既有个人错误，也有集体错误，另外在对这种错误进行研究后可以发现，这是一个我们必须特别警惕的问题。有能力感知或试图感知他人的想法，这在许多领域都是成为专家的标志。对一些人员来说，这种能力似乎并不容易获得，即使敌人并没有特别努力地去掩饰自己对事件的感受，甚至可能表现得一目了然。长达数月的证据表明苏联决心维持对捷克斯洛伐克的政治控制，并且我们已经看到大规模的军队集结，为什么仍有如此众多的分析人员仍然坚持相信苏联不会出兵？人们只能认为他们并没有真正尝试去了解苏联在这个问题上的感受，以及在苏联领导人眼中控制东欧是一件多么重要的事情，并认为这些分析人员莫名地自欺欺人——相信苏联更加重视与美国缓和关系，觉得这比在东欧的霸权和维护华沙条约更加重要。

无论是不能还是不愿意从他人的角度看待问题，结论就是缺乏感知，而其根本原因相当复杂。这里既有个人、集体和国家对目标的态度或印象等因素，也有相对更加简单的原因，比如分析人员在该问题上受过多少培训，审查了多少事实，以及是否富有想象力等。客观性和现实性显然是彼此密切相关的；如果评估依据的是对另一个国家应当如何行事的主观判断，而不是基于对其实际如何行事的客观评估，我们就会做出误判，这也是造成该问题的一个主要原因。

美国人的某些国民特性会令我们束手束脚，无法了解敌人正在策划什么，虽然人们不愿提及这一点，但也会因以下两种相当普遍的态度而大为震惊。

其一，也许是因为我们长期的孤立、繁荣和民主等传统，美国人历来对世界事务持乐观态度，而且往往过于乐观。我们不愿相信二战将会到来，更不愿相信我们会卷入其中，而这正是20世纪30年代孤立主义盛行的主要原因。我们无法相信日本竟会背信弃义地偷袭珍珠港，也不相信铁杆盟友英国会在1956年对苏伊士动武。凡此种种，不一而足。尽管在私人生活中，这种态度可能是健康和令人羡慕的，但在专业的情报分析中，我们必须警惕这种虚假的乐观。

其二，许多美国人过于相信美国的军事力量和技术是无可匹敌的，因此相信那些准备不足的国家不敢对抗美国的军事力量，有时军人特别相信这一点。或许这个因素比其他所有因素都更重要，因此他们不愿相信中国会把军队派到朝鲜去对抗美军。在越南战争的最初阶段，同样的心态也是盛极一时的。

（四）思考多种假设

应当思考备选假设或多重假设，用它们来解读各种数据集，因为这是科学方法的一项基本内容；但奇怪的是，通常在处理情报问题时，极少有人记得使用这种方法。人们可以选用多种备选解释或可能性，去处理特定的事实或信息（比如，一张照片拍到正在修建新的建筑，它可能是还没建好的导弹基地，也可能是工业设施）。在通常情况下，人们并不会专门列举关于任何当前复杂局势的所有可用信息，只为思考它们是否与敌人的各种备选行动模式存在相关性。我们有时会编纂《国家情报评估》特刊（Special National Intelligence Estimate），用来处理那些备选可能性，但即使采取这种方法，通常也不会尝试先处理完所有事实或可能事实，然后再做出判断。它更倾向于对备选方案进行一般性讨论，而不是对相关信息进行详细分析。这方面也有一些例外，比如特别关键的军事问题；但一般来说，它并不是对大量详细信息进行的批判性审查，也不是对各种假设进行的思考。情报界的其他讨论框架更不太可能提供机会，让人们去详细审议各种备选假设，除非人们为此做出特别努力，并且这种框架向所有可能做出贡献的人员开放。[1]

理想情况下，预警系统应该为这类分析工作提供一个讨论框架，但通常情况下不会提供。分析人员拥有最详尽的知识，所以应当与其他机构的分析人员齐聚一堂，共同处理预警问题，但通常情况下不会如此。更多情况是，每个机构在对证据进行思考后，得出自己的"立场"，而且围绕机构间框架讨论的是这些不同的"立场"，而不是详细证据本身。这样做的结果是，人们可能没有充分思考，有时甚至根本没有思考这些备选假设，而且也没有人开展系统性的工作，去确保某个团队确实仔细研究了所有证据，并详尽地思考了各种备选解释。

对此，有一个原因我们在前文强调过，那就是在危机当中或危机萌芽等情况下，可能会涌现海量的信息，仅仅是对其进行扫描和初步处理，就会占用分析人员的绝大部分时间。不论选择哪种信息处理方式，都没有足够的资源予以实施，遑论投入大量时间开展评估，将每一条信息与多个备选假设逐一对比。

这是一个非常严重的问题。其中最严重的一点是，在这种情况下，人们需要时间去开展思考，需要真正投入时间和精力去查看可用信息，也需要思考它到底意味着什么，或是可能意味着什么。我们在前面几章指出，事实会在危机中丢失，有时丢失的是非常重要的事实，但如果能对其进行充分的评估和思考，原本是可以对最终判断产生很大影响的。

---

[1] 有这样一个相当罕见的例外，参见 Robert D. Folker, Jr., *Intelligence Analysis in Theater Joint Intelligence Centers: An Experiment in Applying Structured Methods* (Washington, DC: Joint Military Intelligence College, 2000)。福克（Folker）的实验涉及两种有详细记录的国际情境，对关于它们的竞争性假设进行回顾性审查。在这些情境下，战略预警决策必须由情报分析人员做出。福克的研究表明，只要熟悉结构化的比较方法，比如格式化的"竞争性假设分析法"，就能为分析人员提供优势，理想情况下可以提高预警的准确率。

在这种情况下，部门主官或委员会主席能够发挥的最有效作用，很可能就是设计出某种方法，以确保所有相关信息或可能相关的信息能被汇总在一起，再将它们与各种假设或可能的行动模式逐一对比，以便对它们进行研究和思考。在对各种假设的有效性展开思考之前，我们必须确保已经对事实进行审查。

假设这些都是可以做到的，那就应当根据各种备选假设，客观地思考每条信息的意义和重要性，因为这样做真的可以令人大开眼界。无论采用何种方法，只要它需要分析人员以个体或集体方式审查并评估每一条数据，都会有所助益。这时，人们并不需要某些数学定理或其他统计方法来确保"可靠性"或"客观性"。此处的目的是研究信息，并对每一条信息（每一个征候）标示"是""否""可能"，以确定敌人是否很可能正在筹备以下几种情况之一：一是敌对行动，二是和平，三是介于全面战争与全面和平之间的不同阶段（当然，这里可能会有很多阶段），四是并非上述三种假设。

有人认为，分析人员必须研究每一条信息，并对信息本身、它的有效性以及它与各种假设的相关性做出判断。这种观点正是各种旨在帮助提升信息分析客观性而设计的系统或理论的核心内容。在这些系统中，最有名的便是"贝叶斯定理"（Bayes' Theorem），如今在信息处理领域使用广泛。

预警分析人员和各个监视委员会如果可以取得巨大成功，通常都是因为针对每条信息及其与战争或和平的相关性，开展了细致和客观的评估。不论哪种系统，只要它要求个人或集体应用这种准科学方法去处理数据和开展分析，几乎肯定都会为预警带来正向收益。美国监视委员会（U.S. Watch Committee）有位德高望重的前主席曾反复强调称，报告的内容和编写方式固然重要，但委员会努力检查和评估每一个潜在征候才是更加重要的。

这种做法可以确保重要的事实不会被人忽略，但其优势绝非如此简单。它还会带来一个更加重要的结果——某些假设不会被人忽略或掩盖，特别是那些令人恐惧、不受欢迎或与主流情绪或"舆论氛围"相悖的假设。对预警来说，关键在于情报系统必须能够客观地思考与多数意见相左的假设，或是与迄今为止公认的规则或估计相悖的假设。除了需要投入大量的分析努力之外，还需要保持极高程度的客观性，需要主动思考不受欢迎的论点，以及可能需要我们主动采取棘手或危险行动的论点。

在预警中，我们几乎不需要担心"时机已经到来等观点"的命运。我们最应该担心的是"时机尚未到来等观点"的命运，也就是处于萌芽阶段、尚未得到支持的那些假设。人们会对新的观点漠不关心。除非面对一些非常重大的动向或明确的证据，否则要想改变自己长期持有的观点，速度将是极其缓慢的。即使问题并不重要时，情况也是如此；而当事情特别重要，但新的判断不受欢迎或与现行国家政策相悖时，人们对新观点或假设所持的冷漠态度，可能就会转变成彻底的敌意。预警系统必须确保这种情况不会发生，并确保新的假设和观点因为具备优点（无论它们有多么不受欢迎或与主流观点相左），所以可以得到同等对待。

第 3 章
军事征候和预警

一、军事指标的性质

出于各种显而易见或是不太为人所知的原因，对军事数据或征候开展搜集和分析的工作，一直是预警的主要内容。在预警指标清单上，越来越多的项目都是军事活动或是与军事有关的活动。到目前为止，在搜集工作中，特别是在耗费资金较多的那些搜集中，越来越多的努力都被用来获取关于外国军队的军事实力、能力和活动的数据。这种搜集努力之所以会出现增长，主要是因为技术出现突破，因此军事数据的数量未来有望进一步激增。这是否必然导致我们所说的"预警能力"也得到极大的提升？目前尚不确定，但提升证据的及时性似乎是毋庸置疑的。可以肯定的是，军事情报今后将继续占据我们大部分的情报工作，因此，军事征候将会比过去发挥更加重要的作用，或者说，至少会比过去占用分析人员更多的时间。

（一）军事指标重要性的主要原因

第一点是最明显的，军事准备是发动战争的必要条件。如果不是因为各国拥有武装部队和现代武器库，足以对美国或其盟国发动进攻，就不会有我们需要在预警情报中处理的预警问题。我们对其他国家意图的关切程度，主要取决于他们在军事上能够造成破坏的程度，而不是他们在政治上的敌对程度；另外，通常我们会据此部署搜集努力。

第二点，多数（虽然远非全部）军事准备是我们可以在现实中辨别出来的，或者至少是有可能辨别出来的。这些准备涉及部队和武器的调动或扩充，只要我们的搜集是充分的，就可以发现它们。一般来说（至少历史上如此），军事准备的规模越大或越是指向恶性结果，就越容易被人察觉。但大规模杀伤性武器和远程投放系统的问世，有可能已经改变了这一点。从理论上讲，时至今日，如果一个国家的装备极其精良，如果该国想要发动毁灭性的核打击，那么它的准备活动几乎不会在现实中被人辨别出来。然而，分析人员认为，如果有任何国家想要采取如此可怕和危险的行动模式，他们动手前肯定会出现其他潜在可辨别的军事和政治征候。以完全突袭方式发动核打击的意思是，事先没有发生关系恶化，也没有出现各种军事准备，只是突然发动攻击，但这种概念已没有多少人相信。当然，如果提供了预警，指出局势已经极度恶化，核攻击已经迫在眉睫，那就是另一个问题了。无论哪种情况，核时代来临所能造成的影响，并没有降低军事征候的重要性！结果恰恰相反，情报界已经投入更多的努力，试图确定哪些与之相伴出现的军事征候是有可能辨别的，并设计相应方法来搜集这方面的信息。

我们得到的教训是，传统意义上会在敌对行动爆发之前开展的那种军事准备，虽然容易辨别，但丝毫没有丧失其作为指标的有效性。这种军事事件如苏联对匈牙利和捷克斯洛伐克的军事行动等，它们造成的影响可以让人们更加相信军事征候的价值，因为相比政治指标，军事征候是一种模糊性更低、可靠性可能更高的度量，可以更好地指示那些即将到来的行动。苏联及其盟国为出兵捷克斯洛伐克进行准备的体量极其庞大，此情况有可能帮助人们缓解当时一度相当普遍的恐惧，令其不再担心苏联可能会从一开始，在军事态势没有出现可辨别变化的情况下，立即对西方发动毁灭性的打击。情报中有时被定义为"硬军事证据"的那部分，已经在预警工作中获得重要地位。

第三点，还有一个因素可以为军事征候赋予重要性或可信度，那就是许多军事征候的实施成本极高昂，而且越来越高。以夸大其词和出言威胁的方式开展相对"便宜"的宣传活动，或是让部队保持警戒以备可能开展的行动，甚至真的部署了几个团的兵力是一回事，但征召 50 万预备役人员以扩充现役部队，或是将一些主力地面部队调动至数百或数千公里以外，又或是紧急启动生产新型战斗机或海军登陆艇的计划，就完全是另一回事了。

如此重大、昂贵且往往极具破坏力的军事准备，特别是在国家税收中占据很高比例，或是以牺牲用户利益为代价，将国家资源从民用投入军用的那些准备，都是一种度量标准，可用来衡量一个国家，或者至少是该国领导人对于某个问题的真实感受，以及这个问题对该国的重要程度。这些都是可以指示国家优先事项的"硬"征候。人们几乎不会轻率地开展这种准备活动，也几乎不会仅仅为了达成政治效果，或是为了"展示武力"，便进行这种准备。要想虚张声势，或是制造原本无意实施的威胁，其实还有很多更加"便宜"的方法。

当然，这并不是说，大规模的军事准备或对国家资源所做的重新分配，必然是准备发动进攻的确凿征候。这些准备可能是防御性的，也可能是因为国际局势已经恶化到一定程度，导致本国即将在并不情愿的情况下被迫卷入冲突。这种准备是真实的、有意义的、重要的，而且它是一张晴雨表，可用来判断该国将要采取哪些行动，以及开战目的到底是什么。它们就是证据，证明人们已经做出了重要的决策。

军事领域的分配、态势或优先事项等发生的这种重大变化，并不仅仅是实质性的或"具体的"征候，它们作为长期征候时也可能特别有价值。它们经常可以为我们提供准备时间，不仅是在情报搜集和分析领域，更重要的是在我方军事准备和资源分配等方面，让我们可以重新调整优先事项和准备活动。如果我们可以正确认识并了解它们，就能避免在战略层面遭遇突袭，即使我们的短期或战术预警出现失误时也是如此。

（二）了解基本要点：一个国家是如何走向战争的

了解你的敌人。在情报工作中，这项基本原则最适合用来处理战略军事预警问题。如果分析人员希望了解敌人在危机时刻在做什么，那么他了解情况的第一步，就应当是针对"敌人将如何让军队做好开战的准备"这个问题，研究他所能找到的一切信息。

这项原则是准备预警指标清单的依据。如果能对预警指标清单进行精心的准备和悉心的研究，那它应当包含的内容，就不仅仅是关于"敌对国家如何进行战争准备"这种理论或一般性的观点；如果可行的话，它还应当包含我们已经掌握的关于潜在敌人的军事理论、军事活动和作战计划的一些细节。随着我们对这些情况的了解不断加深，我们很可能会拟出更好的、更有用的预警指标清单。

然而，如果一个大国正在让军队做好准备以求发动战争，那么不论是哪种预警指标清单，都不可能囊括一切可能发生的事情。如果试图让清单包含我们所知的一切，或是我们以为所知的一切，如战争计划、特定部队的任务、战时组织和术语、民防准备，以及任何数量的其他问题等，那么清单就会变得过于繁复冗赘，难以处理。除了那些针对非常具体的问题或地区的清单以外，预警指标清单很可能都是相当笼统的。但预警分析人员需要的远远不止这些。

如果其他条件相同，那么业务水平最高、足以发现某个国家已经开始为可能的敌对行动进行认真准备的人员，应该是最了解该国军事学说，并且最熟悉该国军事理论和军事活动的分析人员。如果基础情报与动态情报是分开进行的，这种做法将会导致不幸的后果，那就是分析人员原本必须快速判断出动态信息的重要性，但此时他手中关于这方面的基础材料却不一定站得住脚，或者不是最新的。

> 关于为敌对行动所做的准备活动，有一个非常明显的特点，即它们都是真实的，因此可以包括和平时期几乎观察不到的活动。

相对于敌人为演习或和平时期相对正常的其他活动所做的准备，他们为敌对行动所做的准备活动有一个非常明显的特点，即它们都是真实的，因此可以包括和平时期几乎观察不到的活动。毫无疑问，各种演习、动员演练或类似演习，其实已经对敌对行动计划中的某些部分进行了排练，但敌人几乎不会动用全部力量，对只有真正投放部队时才会开展的全部准备活动进行排练。（谁要是怀疑这一点，就应当重新研究一下苏联为出兵捷克斯洛伐克所做的准备。）应当了解敌人的军事学说和军事理论，了解敌人在最近一次实战中的战绩如何，了解从那时起敌人的军事实践发生了哪些变化，因为要想了解敌人将采取哪些行动，上述情况都是非常宝贵的，甚至是不可或缺的。

从很大程度上讲，所有国家的军队都服务于本国军事学说和军事理论。参谋人员在学校学会了在特定局势下应该去做什么，将来很可能就会这样去做。如果军事学说要求在特定战术局势下部署空降部队，那么他们可能就会部署空降部队。如果部队动员计划要求从当地企业征用卡车，那么他们极有可能在部队投入战斗之前征用卡车。如果紧急战时立法规定应当成立一个最高军事委员会（或类似的超级机构），或是把各军区重新划分为各野战军，那么预警分析人员和情报界就应该立即认识到一旦这些动向真的发生，其背后蕴含的重大意义将是什么。如果国家兵役法（通常不会保密）规定预备役人员在和平时期的征召时间不应超过三个月，那么一旦他们服役时间延长，就说明已有紧急状态战时秘密法令被通过。凡此种种，不一而足。毫无疑问，研究此类主题的专家还可以举出无数不太显而易见的示例。

不幸的是，此类主题专家往往分散在各个部门，而且长期从事基础研究，即使在危机即将到来时也是如此。必须规定相应方法，确保在最需要相关信息时，它们不会被人忽视、遗忘，又或是被置于图书馆归档了事。

在被派往美国情报界各机构的总部或下级部门，承担研究动态或征候情报工作的分析人员中，到底有多少人针对那些为了发动敌对行动而开展的准备活动，阅读或研究过与之相关的至关重要的大量基础材料？有多少人已经对它们进行编目或将其变得随时可用，又或是知道在哪里可以立即获得自己需要的答案？

毫无疑问，有些机构和分析人员的准备活动总是会比其他机构的准备活动更加充分，但经验表明，现在没有任何情报机构真的彻底准备就绪，可以应对"某个潜在强敌确实在做准备，将要发动敌对行动"这种紧急情况。至少可以说，每一次重大危机都已经证明了这一点。出于显而易见的原因，处于主管或政策层面的人员，很可能不完全了解那些在真正的危机中有可能至关重要的大量基础信息。

从长远来看，预警专家和动态军事征候分析人员能够做出的最大贡献，莫过于尽自己最大的努力，去审查、研究和汇编那些几乎不会上报、往往晦涩难懂的基础数据，因为这些数据有朝一日可能对预警来说至关重要。潜在相关的军事信息范围很广，涉及军事学说、军事理论、后勤缺陷和战时需求、适用的立法、动员理论和实践、军事术语、重大军事演习和军事推演、战备和警戒程序，以及其他类似的基础事项。我们在前文指出，应当研究潜在敌人在相对近期的真实危机中的表现，因为这方面的研究极其宝贵，尽管下次的情况肯定不同。如果有人说在对二战所做的研究中，人们还是可以从中得出许多有用的预警经验，这种说法其实一点儿也不过分。

苏联集结部队，准备于 1945 年 8 月进攻位于中国东北地区的日军，便是阐释战略预警与战术预警之间差异的一个有效示例。这场战役本身，以及苏联军队事先在该地区开展的行动等，都可以提供潜在有用的经验教训，让人了解今天的俄罗斯将以怎样的方式着手准备，以便对别国军队采取作战行动。

二、危机中的战斗序列分析

显而易见，我们应当确定外国军队的战斗序列，这对于预警情报具有决定性的重要意义。事实上，预警取决于能否确定事实，而不是确定事实的意义以及发布解读性判断等更为复杂的问题。由此可知，关于战斗序列的事实往往正是预警中最重要的因素。无论其他事实对预警的相关性或重要性有多大，任何事情都不会比敌人军队的位置、兵力和装备等情况更加重要，因为这些因素可以决定敌人能做什么。了解或正确评估敌人的能力是评估意图的先决条件，而不承认这种能力将是非常危险的。由此显然可见，在这个流程的每一步，战斗序列分析都可以在发出预警方面起到关键作用。战斗序列分析人员肩负重任。

（一）战斗序列方法

因为大多数国家通常都处于和平状态，其军队的兵力和位置都是相对稳定的，或者说变化是相当缓慢的，所以通常来说，战斗序列分析往往是一个相当缓慢、相当保守的流程。经过一段时间，人们建立了某种方法论或标准（再次重申，这也是相当保守的），用以判定某支特定部队是否可被列入战斗序列。虽然在不同国家之间，以及在不同类型的部队之间，这种方法论会有所不同（也就是说，同样的采信标准可能并不适用于朝鲜某空军部队，遑论游击队了），但这种标准几乎总是相对僵化的。特别值得一提的是，它们要求提供相对较高水平的实证或"证据"，以证明该支部队确实存在，具有一定的实力或组织结构，并驻扎于某个特定地区。此外，战斗序列分析人员非常需要部队的番号（但愿是正确的番号，或至少是某种识别编号或名称）。如果认为一支部队的番号在过去及现在有些可疑，就必须将其标记为"番号不明"。因为总是存在一种可能性：我们将它识别为另一支部队，并标于战斗序列中的其他位置。分析人员总是试图"厘清"战斗序列，以免工作出现此种情况。理想情况下，当前应当可以对所有部队进行准确的番号识别和驻地定位，同时标明它们的正确番号、指挥官和装备，另外它们的人数符合公认的关于该类型部队的编制和装备表（TO&E）。一切都对得上，没有问题。所有部队都已得到我们的确认，我们对这份战斗序列文件充满信心。

当然，现在很少能遇到这种理想的战斗序列，如果是那些尝试向我们隐瞒军事事实的敌对国家，那就几乎从没遇到过。出于许多原因，比如搜集是棘手且缓慢的，确认部队的标准是保守的，分析人员的观点带有个人色彩，需要进行机构间协商甚或有时需要进行国际协商，甚至报告、编辑和印刷的过程也是迟缓的，因此即使战斗序列得到采信，几乎也是过时的信息。有些部队的战斗序列信息甚至已经过时数年之久。战斗序列分析人员通常不愿意承认这一点，而他们这个圈子之外很少有人意识到这一点，但如果是在某些方面的工作中，比如采信新部队的组建、判定现有部队已被裁撤，或是发现有些部队的实力已升级或降级，或已更换驻地、改变番号、调整隶属关系、转换类型，或拆分为两支或多支部队等情况，那么延迟两三年的时间，其实问题不大。年复一年，错误的部队番号会被写入战斗序列摘要；有时，只有在机缘巧合之下，才会发现部队番号被错认，而且时间长达五年、十年甚至更久。通常来说，关于一支部队，我们最晚知道的就是它的番号。

简言之，我们采信的战斗序列与敌人当前真正的战斗序列很可能不同。我们最大的希望就是它能合理地接近事实，希望我们没有对敌人的实力和能力做出重大误判。随着时间的推移，我们通常会获得校正战斗序列所需的数据，并可以在下次刊发报告时更改部队的驻地、番号或其他内容。慢一点或迟一点做出修改，比过早做出判断要好一些，因为后者可能是错误的，我们不得不在稍后收回。总的来说，这就是关于战斗序列分析的理论。这里不是提出批评，而是在陈述事实。

大多时候，这种情况并不重要，很可能主要因为人们很少认识到战斗序列采信工作中存在正常的滞后现象。虽然战斗序列存在错误，或是关于部队组建、升级或调动的信息出现延迟，但没人因此受到连累。即使是在估计外国军队（或外国军队中的某些特定部队，比如20世纪50年代末极大高估了苏联导弹部队）时出现惊人的错误，也不会给我们造成真正的伤害。有些人甚至会说，这种做法可以帮助我们达成预算方面的目的。很少有人关心此事，也没人会因此丧命。

除非出现预警问题，即美国或其盟国有遭到攻击的危险，此时这些战斗序列"细节"就很重要，而且具有决定性的重要意义。如果有部队正在升级、调动、动员或以其他方式准备战斗，那么战斗序列的准确性和动态性就确实非常重要，而且可能会有人因此丧命。事实上，因为这些不正确的细节，已经有很多人丧命了。

但是，往往会出现这样的情况：敌人的军事态势突然发生变化，他们重新部署部队，并有可能就此投入战斗，但战斗序列分析人员并未以富有想象力的方式对此做出响应，并对自己的方法论做出调整。通常的情况是，确认部队实力和驻地调整的标准没有修改，即使敌军显然正在进行大规模部队调动时也是如此。

部队的驻地突然发生调整，特别是大规模并且秘密进行的重新部署，无疑将为战斗序列分析人员带来巨大的难题。事实上，如果最初的证据极其正确、准确或完整，很可能足以令人充满自信地断定敌军到底出动了多少兵力，以及部署了什么类型或多少支部队，更不必说它们的部队番号或是来自哪里。但这种情况确实非常少见。我们需要时间去整理数据，以便针对这些可能调动的部队，尝试了解它们原基地的防区范围，从而确认它们是否真的已经离开。我们有可能需要几周或几个月的时间（搜集顺利时也是如此），才能获得某些必要的信息。甚至有可能需要好几年，又或者永远都做不到。

最初的报告可能会包括一些高度可靠的观察结果和其他的有力证据，以及道听途说且未经证实的报告，它们都会指出有大量番号不明的部队已经离开某个位置不明的地点，前往其他尚不明确的目的地。这时战斗序列分析人员的正常反应是等待，这并不奇怪。在这位分析人员的态势图上，有哪些部队是可以移动的？他不掌握这些部队的番号，没有确凿的证据可以准确地指出这些部队来自哪个地区；他并不确定到底是一个师还是十个师，但往往会怀疑是较小的那个数值；他也不确定许多线人是否极大地夸大了事实。整个态势令他非常头疼，除非他知道态势图上哪些部队是可以移动的，否则不管移动哪支部队，都将违背他自己设定的所有标准。

如果是动态或征候分析人员，他们只要含糊其词地谈论大规模但番号不明的部队调动，就都是没有问题的，但如果是战斗序列分析人员，就必须做到具体和精确。后者必须采信或决定不承认某些特定部队（很可能包括他并不知道的新部队）的调动。面对这种两难困境，他不会在图上移动任何一支部队，而是先保持不动。

（二）征候方法

与战斗序列分析人员相比，征候分析人员有时可以得到其他动态情报分析人员的支持，但并非总是如此；他们对战斗序列细节的关注程度虽不及情报界和政策制定者，但当前已经发现，敌人正在部署主力部队，并且这种集结活动很有可能是在为出兵做准备。于是他们恳求自己的同僚和上级去查证到底发生了什么，而当这些同僚和上级向战斗序列"专家"求助时，对方却回答说现在还"无法采信"此事，这让他们几近抓狂。更有甚者，征候或动态情报分析人员接到通知，要求他们不得上报可能加剧的威胁，理由是如果战斗序列地图上没有显示该地区有任何兵力集结，威胁怎么可能会加剧呢？但原因也许是，这份地图根本没有标出该地区的任何一支部队。

这不是关于假设的虚构，也不是征候分析人员在噩梦中才会遇到的情景。这就是真实发生的情况，除非有一个处于权威地位且处事公正的仲裁者介入，听取双方意见，才会出现例外。毫无疑问，确认战斗序列的标准非常严苛，导致预警需要推迟数周才能发布，这可能就是军事预警发布工作中唯一且最为严重的障碍。我们将举出示例，以更加令人信服的方式阐明这一点。

有一个比较简单、损失程度不算大的示例，可以阐释战斗序列法与征候法在研判军队调动问题上的分歧，那就是1956年的匈牙利事件。苏联对这起意外的突发事件所做的反应是派出军队，如同潮水一般从边境地区出发，沿着几乎每一条公路和铁路向匈牙利进发。当时没有关于参与集结的苏军总兵力的可靠信息，但显然数量不小。在大量部队从苏联喀尔巴阡军区开拔的同时，罗马尼亚实施了一项异乎寻常的出行禁令，禁止一切西方官方人员前往布加勒斯特以北的各铁路枢纽；与此同时，多个线人报告称，苏联军列曾在某段时间，途经罗马尼亚向西北方向移动。根据征候分析人员的标准（以预警为目的），这足以证明来自敖德萨军区的苏联军队

（部队番号未知，出动兵力未知）可能正在向匈牙利部署的说法是正确的。

对于战斗序列分析人员来说，这样的结论没有任何依据。他们会直截了当地指出，自己是不会采信这种情报的。大约6个月后，人们在匈牙利境内确认了一支部队的身份，番号显示它隶属苏军驻敖德萨军区的某师，于是他们立即承认该师已经部署至匈牙利，并将其列入战斗序列。

到1968年夏，苏联军队开展部署活动，将要出兵捷克斯洛伐克时，我们的搜集和分析工作似乎有所改进，或许是因为我们有更多的时间，所以可以做得更好。无论如何，以往征候分析人员与战斗序列分析人员之间的分歧有所缓解，预警分析人员抱怨通过战斗序列方法确认部队时数量太少或时间太迟的情况，也有所减少（但不能说已经绝迹）。然而，当时在苏军动向问题上又出现了争议，尽管苏联军队自7月底便开始进入波兰。这说明在预警工作中，如果部队番号不明，那么部队动向就会是相当严重的问题。关于苏联军队进入波兰一事，最初的信息来源主要是前往波兰旅游的游客和其他出行人员。在苏军最初进入波兰的48—72小时内，有五六位游客主动报告称，在多个过境点看到大量部队离开苏联，沿公路向波兰进发。几天之后，西方监视人员找到这些苏军部队的两个集结区，一个在华沙以北，一个在华沙以南，但他们无法进入这两个拒止地点。征候分析人员终于做好准备，可以采信或至少报告称有大量苏联军队正在进入波兰，而且它们显然是后备部队（不是直接在捷克斯洛伐克边境各地同时集结的那些部队）；其他动态情报分析人员也是如此，只是采信程度稍有逊色。然而，即使是征候分析人员（他们通常会被那些更加保守的同僚说成是喜欢危言耸听或夸大其词），也很不愿相信，8月初苏联共有约11或12个师进入波兰，而不是正常情况下的2个师；不过后来事实证明，这个判断是真的。战斗分析人员依然根据自己的标准做出判断，只要无法识别部队的番号，或是无法证实部队离开基地，就不会承认该支部队已经进驻波兰。此举令美国在采信"苏联向波兰增派了好几个师"这一情况时出现延迟。

（三）分析动员情况

动员与战斗序列密切相关，并且通常由同一位分析人员负责处理。传统上，如果认为将发生战争，各国就会动员军队，但有时直到战争爆发才会开始动员。纵观历史，宣布开展总动员往往是战争迫在眉睫或不可避免的决定性征候。

几乎所有国家都有足以应对各种突发事件的动员计划。动员的范围可以从部分或有选择地征召预备役人员以扩充现有部队，到全面动员武装部队和组建额外的部队，再到全面动员全体民众和调配整个国家的经济资源。

任何国家都不太可能试图隐瞒全面动员，因为这实在太明显。但经验会告诉我们，事实证明，在封闭社会，武装部队的大量扩充往往极其难以量化或察觉。尽管看起来令人惊讶，但情报部门往往更有可能做到的是获得数据，并迅速报告一艘潜艇的动向或一支飞行中队的重新部署情况，而不是征召50万军队的情况。在美国可能永远无法隐瞒的信息，在独裁统治下通常是可以保密的，并受到高效安全措施的保护。

事实证明，对外国武装部队总兵力所做的估计极不可靠，有时甚至错得离谱。美国情报部门在20世纪50年代大大高估了苏联导弹部队的实力，但大大低估了苏联地面部队的实力，很可能低估了三分之一或更多。

1968年，尽管搜集能力有了很大提升，但美国情报部门并没有发现苏联于5月征召预备役人员，编入部署在捷克斯洛伐克边境的部队一事。美国情报部门之所以会采信苏联于7月动员军队发动侵略一事，只是因为苏联发表了声明。

还有性质更加严重的例子，如情报部门没有采信1964年至1965年北越大规模动员军队一事。这方面的证据很大程度上来自河内征召民众入伍的公开呼吁。战斗序列分析人员没有具体的信息证据，无法确认新部队组建或现有部队升级等情况，因此认定北越部队只有非常小规模的扩军，但征候分析人员却认为武装部队数量翻番的估计并非没有道理；一年之后，人们才承认这个评估是正确的。

对动员情况的评估是判定敌对意图的一个关键指标，从上文显然可以看出，它的问题和潜在错误与战斗序列是一样的。当动员正在进行时，我们的判断几乎肯定会落后于事实。当有充分理由相信动员正在进行时，想要发出预警就不能坐等"证据"，因为"证据"可能要等很久才会出现。

（四）在使用战斗序列法判断敌军集结时，必须增加预警的话语权

在方法、标准和分析手段上，征候分析人员与战斗序列分析人员之间的分歧极大，而且这种分歧过去就曾妨害过预警，未来同样可能会妨害预警。事实上，如果危机真的发生，如果敌人使用最复杂的安全措施和欺骗手段，那么我们依赖严苛的战斗序列标准的做法，可能会造成灾难性的后果。与此同时，很少有人愿意直言不讳地指出，通常使用的战斗序列分析手段，虽然在和平时期运行良好，但速度很慢，所以应当摒弃，代之以更具想象力、精确性稍逊和更加"以征候为导向"的手段。

面对如此严峻的两难困境，解决方案会是什么？答案就是让双方都有发言权，但在危机情况下，在"什么是可被采信的"，以及"什么是可以向上级机关报告的"等问题上，不能让战斗序列分析人员拥有最终决定权。在即将到来的敌我最后决战中，有些因素比纯粹的战斗序列方法更加重要。更重要的是，应当让上级机关知道敌方部队正在集结，即使我们对情况的掌握不太精确，也不能让他们相信没有集结。

仲裁此类争论的权力属于监管层面。监管系统必须一改过去的做法，因为有时，在征候和动态情报分析人员根据其所做最优判断，指出哪些情

况在预警方面具有重要意义之后，这个系统却会放手让战斗序列分析人员去审查并否决他们的意见。在很大程度上，战斗序列分析人员习惯于在对情报做出判定或采信的时候，享有一定程度的自主性和独立性，而这一点可能是情报部门分析人员所不能比拟的。通常来说，做出或不做出这种判断的依据或理由，不会受到上级机关质疑。不能用传统的战斗序列方法去延迟预警。上级主管最重要的日常责任是，保证关于军队集结的征候能够以正当的方式上报，而不仅仅是保证它已被采信。他不能以他们是"专家"为由，将争论的决定权交还给战斗序列分析人员，以此解决争论。这种做法对预警判断来说可能是致命的。多年来，这个问题一直都是征候系统与情报界其他系统之间最大的争论焦点。在敌方军队集结这个至关重要的问题上，不授予预警分析人员平等发言权的做法，是对整个征候系统的嘲弄。

如果不提在这个问题上已经取得的进展，就是在误导读者。也许最重要的是，技术搜集取得的重大改进，让我们在搜集敌军部队的位置、实力、装备和动向时，能够获得更加准确、更加动态的相关信息。如果敌军是在相对开阔的地形上进行大规模集结，并且使用了重型装备，更应如此。但如果是规模较小、装备较差的部队（尤其是游击队），而且是在森林茂密或重峦叠嶂的地区，侦察结果就较难确定了。此外，恶劣的天气也会妨碍搜集工作。

多年来，许多人逐渐认识到，在危机情况下，常规的战斗序列方法并不适用，而且过于缓慢。事后分析经常可以证实征候分析人员的论点，也就是说，在这种情况下，相比坐等所有战斗序列"证据"传入的做法，征候方法更加精确，也能针对问题做出更好的响应。在美国情报界，行动和预警中心遍地开花，军事分析工作也铺得很开，虽然在某些方面可能过度重复，但很大程度上确保了战斗序列分析人员无法垄断对军队动向的上报工作，确保他们的这些做法会得到其他分析人员愈加严苛的审查。然而，这个问题也需要情报界的各级层面一直保持警戒。特别是当异常情况正在发展，而且显然正在或可能正在进行异常的部队调动时，情报系统可能就需要采取特定举措，以确保敌军战斗序列发生变化的相关征候，以及敌军部队确切部署活动等情况，能够得到适当的分析和上报。

三、后勤乃战斗之要

要想知道现代战争中后勤准备的范围是否广泛，种类是否多样，可以查阅预警指标清单，看看上面列出的后勤和运输等项目的具体数量。要知道，这些数量应当等于或大于其他任何项目的数量。如果能够随时掌握后勤准备的范围、程度和种类，那么我们不仅可以非常准确地了解敌人的能力，而且可以非常准确地洞察敌人的意图。

（一）各国战前后勤准备均不充分

人们很容易形成一种印象：如果一个国家的军队规模庞大，装备精良，那么在后勤方面，该国为发动敌对行动所做的准备也将处于极高的水平，而且几乎不需要为开战进行额外的准备。与其他许多事情一样，如果体验过真正的危机，而且搜集力量得到加强，那么我们就可以更好地感知现实。当然，苏联确实生产了大量的武器和装备，并且许多物资在后勤仓库（有的位于前线地区，有的位于大后方）都有大量库存，可在敌对行动中使用。

然而，苏联显然认为自己后勤准备不足，难以保障发动敌对行动。捷克斯洛伐克危机不但要求必须动员苏联作战部队，更重要的是必须动员后勤支援部队。为了支持作战部队前进，必须向正常的民用活动征用运输车辆及其司机，然而苏联出兵之际，却正是在最需要这些车辆和人员的收获季节。在出兵捷克斯洛伐克之前和之后，苏联使用这些后勤运输部队，从国内向前线基地运送物资，直到秋季局势足够稳定，可以让最初出兵捷克斯洛伐克的部队大量撤军时，才将他们解除动员。有征候显示，即使苏联做出的这些努力没有遇到积极的抵抗，但还是出现了补给短缺的问题。

在此需要强调的是，这些活动与演习毫无相似之处（尽管苏联将许多后勤活动称为演习，以此实施形式上的欺骗），且与苏联通常在东欧进行的活动类型存在明显不同。对于那些相信苏联出兵可能性的分析人员来说，相比其他证据，或许后勤准备才是最具有决定意义的证据。相比苏联将若干个师的兵力派赴捷克斯洛伐克周围阵地的部署活动（可想而知，尽管有些牵强，但这种做法可解释为仅仅是对捷克斯洛伐克施加的"压力"），更有说服力的其实还是后勤集结的事实。除了真正发动进攻之外，实在想象不出还有什么事情需要这些活动。

我们可以找出很多例子，去证明后勤准备是一种有效的晴雨表，可以很好地度量为敌对行动所做的准备，上文所述只是这无数示例的其中之一。我们还可以从越南战争中举出许多示例，从相对长期的准备，比如在老挝的狭长通道修建新路，保障卡车运输顺利抵达南方，到短期的战术准备，比如征召当地民众搬运物资，以备敌人攻击他们已经布防的村落。从很大程度上讲，这场战争的历史就是一部编年史，详细记录了北越为维持后勤运输所做的精妙绝伦且不屈不挠的努力，以及我们试图破坏他们运输活动的种种努力。除了少数例外情况，如果新的后勤计划非常庞大，或是补给运输活动异常繁重，就都是有效且可靠的征候，可以证明敌人正在为即将到来的军事行动做准备。简言之，不论哪个国家，只要认为很快将有敌对行动，就会为此进行后勤准备，而且这种准备不论在数量上还是质量上，都不同于和平时期进行的准备。如果我们掌握了足够的证据，也了解敌人开展行动的方式，通常就可以看出这种区别。

（二）战时后勤保障中的关键预警因素

如果有大量潜在的后勤征候，就可以表明有敌对行动即将到来，尽管其中的某些征候是特定国家独有的，但我们还是可以通过这些征候，去概括后勤准备中几个更加重要的方面；而且其中一些或许多准备活动，几乎总是在发动军事行动之前就已经开展。显然，此类准备活动的范围和种类，取决于预期的目标国家敌对行动的类型和范围、可能的持续时间，以及该国预判将要面临反击的强度。

1. 后勤准备是所有动员计划中不可或缺的环节

如果军事行动即将到来，通常就会需要进行某种程度的动员，而这时的动员将涉及某种类型的后勤准备，因为动员与后勤是不可分割的。征召入伍的预备役人员必须配发武器弹药，扩充的部队必须从军火库领取或运走装备，需要额外的运输工具（火车、卡车、飞机，有时包括船只）来运送部队及其补给和装备，需要更多的油料来运送部队和在即将到来的行动中提供支援，等等。在现代军队中，即使只动员一支预备役部队或不满编部队，如果要将该部队派往任何地方，或是让它在抵达后具备作战能力，也都需要一整套的后勤保障措施。涉及的部队越多，所需的后勤和运输支持就越庞大，满足这项要求的活动也就越容易对其他人造成干扰或是引起人们的注意。对现代军队来说，为动员和部署所做的后勤计划极其复杂；在动员计划中，最大的一部分其实是完成部队补给、支援和运输时的各种细节，而不仅仅是将预备役人员征召到他们所在的部队。动员计划准备得越仔细，执行起来就越快，后勤保障中的所有细节越会得到更大程度的谨慎重视，因为任何短缺或瓶颈都可能扰乱整个系统。

2. 对民用生活和经济的冲击

动员额外的后勤保障，不论规模大小，都很可能会在初期对普通平民的生活产生冲击，有时冲击会很严重。当然，我们可以采取一些措施来缓解这种冲击：如果军事补给和装备等的存放位置得当并且数量庞大，就可以号召部队在当地动员起来，不会对民众产生明显的冲击；有些种类的食物可以保存很长时间；专门为应对军事紧急情况储备的油料库，可以减少向民用经济征用油料的需求;非常富有的国家可能普遍物资充盈,因此如果动员的规模相对较小,就不会对平民造成直接冲击。

尽管如此,但所有国家都还是有一些瓶颈和短缺的,不论动员的范围是大是小,人们都会感受到这方面的影响,而且往往是立即影响平民的生活。预警分析人员应当认识到这些潜在关键的短缺都是什么,搜集人员应当提前做好准备,全力关注其中某些特定短缺,因为只要出现多项短缺,不论是长期的还是短期的,都可以证明敌方已经开展动员,或是存在异常军事需求。有些短缺可以表明敌军正在征用物资,其中最常见的是:食物(特别是肉类和其他需要优先保障军方的食品);油料(尽管有军方储备库,但只要有危机涉及军事部署,通常就会有民用油料短缺的报告出现);运输和医疗补给(两个都非常重要,我们将在下文进一步展开讨论)。

3. 对交通运输的冲击

在后勤动员措施造成的冲击中,最直接、最具破坏性的可能就是对运输系统产生的冲击,这是最有可能被发现的冲击。没有哪个国家的运输系统既能满足军事需求的大幅增长,同时又能不征用正常的民用运输,或是不会对正常民用运输产生某种影响。所有国家的动员计划都要求以各种方式,强行征用民用运输设施。这些措施无所不包,从简单地要求在铁路、卡车、水路或空运等领域,保障军用运输必须优先于民用运输,到大量征用民用卡车,或者由军方接管整个运输系统。

在世界各国中,在军方接管民用运输的动员计划方面,涉及面最广的应是苏联及其东欧盟国的动员计划(而且它们的计划是紧密结合、融为一体的)。如果军事需求出现大幅或突然的增加,通常都会对运输系统产生直接冲击。如果有报告称正常使用的火车出现短缺,或是有征用民用卡车的情况,通常就是异常军事行动即将到来的关键指标,比如在1968年7月最后一周,苏联在捷克斯洛伐克周边集结军队时就是如此。

有些国家如果认为将要发生大规模冲突,并为此进行大规模动员,就会计划彻底接管运输系统，不论是地面、空中还是水上的。无论这些计划是否能够得到有效执行，我们都可能发现其中的某些活动，特别是当军方突然大规模接管，同时军方大量使用铁路和公路运输时。而在其他关键领域，军队调动也会造成严重的交通中断，这种情况正是非常关键的征候，可以表明目标国家正在为敌对行动做准备。

4. 后勤部队和补给的大量运输

无论前线仓库或后方储备仓库到底存放了多少物资，没有任何一个指挥官会认为自己已经拥有了足够的补给。无论哪个国家，只要有时间进行此类准备，几乎必然会为那些参与初期军事行动的部队（无论是地面突击部队、空军、海军、防空部队，甚至是导弹部队）追加补给。除非部队面对突袭时完全措手不及，否则在军事行动开始之前，总会开展一些后勤集结，而且通常是大量集结。事实上，在对资源的需求上，后勤集结往往和部队集结一样规模庞大，一样要求苛刻，甚至会更胜一筹，而且需要的时间也更长。"后勤尾巴"是个众所周知的问题，许多指挥官早已做好开拔准备，但补给集结尚未完成，又或是因为缺乏油料等关键物资，所以被迫停止进攻。因此，在我们看来敌军战斗部队已经准备就绪并且部署就位，却迟迟没有发动进攻，但只要补给集结仍在继续，就不意味着敌人存在犹豫不决或优柔寡断的情况。虽然这一点经常是负向征候，但在此处不应如此视之。相反，应当对后勤集结保持最密切的监视，希望能够确定敌人何时确实已经做好准备，可以发动进攻。（这可能不太容易确定，但总归要比瞎猜强一些。）

在二战中，日本花了 6 个月左右的时间，持续密切监视苏联军队在远东的集结活动。他们估计，苏联必须先让西伯利亚铁路全力用于军事运输 100 天以上，然后才会进攻位于中国东北地区的日军。到了 1945 年 7 月下旬，日本情报部门报告称，当前苏联一直进行持续不断的大规模运输，而且运送的几乎全都是补给和后勤部队，并由此做出正确的解读，认为这意味着苏军作战部队的集结已经完成。日本的结论是，在 8 月 1 日之后，苏联可以随时发起进攻。此后，他们再也没有收到关于进攻的预警。8 月 8 日，苏军发动进攻。

1968 年夏，苏军为出兵捷克斯洛伐克开展集结。在我们看来，大多数参战部队在 8 月 1 日之前便已完成部署（不包括取道波兰北部的后备部队，因为他们的调动活动一直持续到 8 月）。情报部门的判断是，苏联军队处于高度战备状态（甚至是最高战备状态），准备在 8 月 1 日左右发动进攻。但事实上，他们在欧洲的后勤集结仍在继续进行，直到 8 月 10 日，苏联才亲口宣布已经完成后勤"演习"。苏联出兵是自 8 月 20 日开始的。在美国情报界判断苏军已经做好准备的时间点，很可能他们真的没有做好准备，或者至少准备程度不如其指挥官所希望的那么充足。如果真有可能遭遇激烈的抵抗，后勤集结很可能就会更加重要，也会需要更长的时间。虽然 8 月最初几天没有事情发生，但打算放松对苏联可能出兵捷克斯洛伐克一事的关切，这种观点是得不到军事证据支持的。威胁不仅依然存在，而且还在加剧。

在越南和老挝的案例中，要想针对后勤准备情况，以及接下来为发动进攻而开展的真正准备活动做出评估，将是一个棘手的情报问题，因为在越南和老挝，我们针对补给运输情况所做的评估，会因空袭、封路、恶劣天气和丛林地形的影响而变得更加复杂。然而，和在更加常规的战争中一样，在这种环境下，敌人为集结补给所做的持续努力，以及明显高度重视保持道路畅通的情况，正是可以表明军事行动即将到来的征候，即使这些行动的规模或发动时间可能难以明确判断，也是如此。

5. 现有库存减少

还有一种情况或许也能表明敌军部队对补给存在异常需求，那就是前线和后方仓库补给减少。在前线地区，补给将被分配给部队供其战斗使用。在后方地区，如果突然清空储备库存，特别是如果多个仓库都出现这种情况，很可能表明这些物资装备正在发放给预备役部队或是那些不满编的部队。

6. 医疗保障准备

相比和平时期的需求，参战部队最明显的一项需求就是医疗支持。事实上，在后勤保障的所有领域，这可能是战时与和平时期差异最大的领域。作战部队需要的药品不但数量庞大，而且种类繁多。对医生和医疗技术人员的需求将成倍增加，对野战医院、伤兵后送设施等医疗资源的需求也将成倍增加。即使是那些传统上并不重视拯救伤兵生命的国家，在其开展敌对行动期间，对追加药品和各种医疗支持设施的需求也会激增。和在其他后勤准备工作中一样，这些变化不但会影响军队自身，还可能会对平民产生严重冲击。药品和医院物资出现短缺，突然将外科医生征召入伍，以及极力推动献血举措等，便是一些较为明显的影响。

此外，交战各方不得不在国外购买大量药品。有时，大量采购治疗特定疾病的药物（如抗疟疾药物）就是一种提示，表明军队正准备进入特定地区。

一些分析人员认为，医疗保障准备是战争计划的内容之一，但受到的关注太少，并认为我们可以在这个领域改进数据库和搜集规划等工作。正是在医疗领域，某些准备措施是敌对行动所特有的，因此在发出特定预警方面具有极高的价值。

7. 为保障后勤系统存续能力所做的准备

还有一项后勤准备非常重要，很可能可以用来区分战争与和平，那就是大量储备相关设备，以及采取其他措施来保障后勤系统自身的存续能力。这种措施作为征候时具有很高的有效性，可以表明一个国家正在准备采取某种行动，以防预期将会出现的报复，特别是如果这种措施的数量极其庞大，或是与正常做法形成鲜明对比。（如果敌人显然正准备发起作战行动，这种征候的有效性便无从谈起了。）当然，铁路和公路设施非常容易遭到封锁，进攻方通常会在开始敌对行动之前采取措施，为本国的此类设施提供保护和维修。除了加强桥梁和铁路站场的防空力量等明显措施之外，还将建议采取特别的后勤准备措施，即在铁路沿途储备枕木和铁轨、应急架桥设备、推土机、筑路机械，以及可以快速修复受损运输路线的其他物资。如果各国认为将有长期和平，那就几乎不会或完全不会采取这种性质的紧急措施。另一项可以保障关键交通路线存续能力的措施，就是在瓶颈位置修建大量的迂回道路、架设额外的桥梁，以及建设类似的设施——当年的北越便精于此道。

8. 为特定作战行动所做的后勤准备

后勤准备的价值在于可以充当一般性的征候，而特定类型的准备活动可以充当非常具体的征候，表明即将到来的进攻到底是什么。在空降部队附近的基地，如果运输机异常停飞或是大量集结，就是可以表明空降行动即将到来的绝佳征候；两栖设备和登陆艇的大量集结，很可能意味着即将到来的水上攻击；发现大量移动架桥设备，很可能意味着大规模的渡河行动。这些后勤行动是高度特定的，只要被发现，就具有极高的预警价值，因为它们不仅可以提供一般性的预警，而且往往可以提供非常特定的预警，说明敌人将以什么方式，在什么地点发动进攻。我们再次证明：对于预警来说，识别敌人后勤准备是一种很有价值的做法。

最后再提供一项指导意见。分析人员不应该忘记或忽略大量其他征候中的后勤事项。在一次大规模的集结中，将有大量的事情发生，比如大规模的地面部队调动、大量战斗机的重新部署、几十种政治消息和谣言，以及准确的和捏造的关于敌人意图的报告。所有这些都是令人兴奋的东西，也是绝佳的动态信息，另外战斗序列变化在地图上也是一目了然的。然而有时，在兴奋之余，有些微小的后勤信息碎片会丢失，但它们原本有可能证实军队集结是真实存在的，即涉及真正的战斗准备，而不是为了我们利益而进行的演习或是无用的威胁。在兴奋之余，一定不能丢失这些情报的

"宝石"，因为它们对于评估敌人的真实意图极其难得，也是极其宝贵的。

四、作战准备中的其他因素

前面几节讨论的几类主要活动，都是在部队投入战斗之前或同时发生的。然而，为发动敌对行动所做的准备，可能是其他一些异常现象或极不寻常的活动，它们可以帮助我们更好地区分这种战备局势与正常局势。在本节中，我们将探讨一般情况下应当监视哪些事情，或是在过去的危机中已经注意到哪些事情，因为它们可以代表那些为敌对行动所做的真正准备。

（一）最高统帅部的当务之急

打仗的事要由将军们负责。当为战争所做的准备开始之后，他们就会非常深入地参与规划工作，还要考虑这场即将到来的作战行动中最微小的细节。他们手下的参谋人员将投入大量时间拟定相关的计划和文件，可能还会需要更多的军官来处理这些事宜。出于安全和保密的原因，知悉完整计划的军官越少越好，但不可避免的情况是，这种准备将以不同方式，影响军方许多（甚至全部）部门的活动。不论是正在计划于未来几个月内发动一次蓄意为之的突然袭击（比如日本在偷袭珍珠港之前所做的准备），还是军事领导人正在做准备，以响应一场相对突然和意外的危机（比如美国在古巴发现战略导弹的事件），情况都是如此，只是程度上会有所区别。

> 有人说："我们的敌人已经准备好所有的突发事件应急计划，而且即使敌方总参谋部并没有更进一步的规划或考虑，也可能立即发动大规模的敌对行动。"但这只是神话。

一些分析人员（有时会以预警的名义）炮制出天花乱坠的神话，称我们的敌人已经准备好所有的突发事件应急计划，而且即使敌方总参谋部并没有更进一步的规划或考虑，也可能立即发动大规模的敌对行动。这太荒谬了。没有哪个国家能够做好应对所有突发事件的准备，即使该国针对当前特定危机制订出具体的计划，其最高统帅部或总参谋部肯定希望对计划进行审查，并希望确保所有下级指挥部都能做好充分准备，各司其职，此外还要确保不存在瓶颈。更有可能出现的情况是，他们将不得不修改计划，或是准备一个全新的计划，因为情况一定会发生一些改变，又或是因为有人质疑计划中的某一部分，等等。无论如何，结果几乎是肯定的：该国军方的最高机构将以异乎寻常的方式，参与并全力开展规划和参谋工作，他们会紧锣密鼓地开展活动，指挥和控制系统也将迎来全面检验……而所有这一切的结果，很可能表现为军方开展极其大量的通信，并且弥漫着一种危机的气氛。我们从经验中了解到，即使只是大型演习，可能也需要军方最高层的关注和出席。如果战斗准备是真实存在的，那绝对更要有他们的参与。因此，必须了解他们的行踪和活动信息。我们希望可以通过该国军方和政坛的各种线人，去获得某种不算完全正确的感觉，也就是察觉其军方正忙于开展大规模的异常活动，又或是对某个特定地区或问题投入过多的关注。

（二）警戒与战备

宣布实施真正（而非演习）的警戒，并将部队战备等级提升到极高（或最高）的水平，正是为战斗或可能的战斗进行准备的重要征候。正如部队动员或大规模重新部署那样，真正的战斗警戒只会在异常情况下发布：敌对行动已经规划完毕，或是有理由担心国际局势不断恶化，导致不久的将来可能会出现敌对行动。

通常，大国军队的战备等级或状态都是事先规定好的，下至普通的日常战争，上至最高等级战备，即针对即将到来的敌对行动做好全面准备。

在美军体系中，这些被称为防御状态等级，最低为五级，最高为一级。

提高防御状态等级是一件非常严肃的事情，涉及许多事先规定好的具体措施，它们将极大地提高人员和物资的战备水平。实施最高等级的防御状态，意味着国家进入了紧急状态。

这些措施需要武装部队的各个部门采取一系列的具体举措，只要这些举措全部完成（即达成全面战备），就能让作战部队和支援部队全都做好准备，随时投入战斗。这些战备状态有别于例行的警戒或演习，因为后者的目的通常只是检验部队的快速反应能力。和美军一样，其他大国军队提高战备状态等级也是一项非常严肃的举措，所以几乎没有用到。事实上，我们有理由相信，在全军范围内实施全面战备状态，并实施人们认为可能需要采取的所有措施，这种做法只有在预判将会发生敌对行动时才会用到（就像我们的一级战备状态那样）。毫无疑问，我们会经常性地对战斗警戒计划的各项内容进行检验，但大范围实施全面战备的做法，只能留待真正的战争或预判将会出现此类局势时使用。

因此，别国宣布进入全面战备状态是预警情报最关切的问题。这个问题太过重要，因此所有情况都是至关重要的，我们必须加以了解，包括：精确的术语、下令达成此状态的机制，或是基于此项命令的各项具体措施。哪怕只是提升战备状态等级（并不是全面战备状态）的情况，也几乎不会出现，因此大多数分析人员几乎没有相关经历。另外，关于我们能不能发现情况，或是到底会发生什么情况等问题，可能也存在极大的不确定性。然而，预警研究人员应当研究关于这个问题的所有可用证据，因为在危机时刻，我们必须有能力发现全面战备已经开始实施，而这项能力具有决定性的重要意义。

（三）演习与战斗部署

预警指标清单的汇编者和使用者经常会因以下事实而感到困惑：演

习活动呈现出异常高的水平，与正常演习活动的停止，这两种情况同时作为指标出现。只要了解每种情况成为有效指标时的背景到底是什么，就会知道这里其实并不存在真正意义上的矛盾。如果训练程度极高，尤其是为了开展特定类型的行动或是打击特定目标而开展的非常贴近实战或专业化的训练，这当然是一种有效指标，可以指示目标国家为战斗行动所做的准备。显然，如果部队想要有效地完成任务，就需要开展训练，而且是非常密集的训练。另外，对于任何一个国家来说，其武装部队开展训练的范围和类型都是非常有用的指导原则，可以指示该国将要开展的是哪种类型的行动。如果信息搜集足够充分，我们就有能力从特定的训练演习当中，准确了解该国正在规划的到底是哪种作战行动。一直以来，北越军队都是先使用沙盘进行详细的推演，再对南越和老挝的特定目标发动进攻。至于规模更大并且更加常规的行动，正常的做法是进行大范围的指挥所演习和参谋演习，并辅以诸部队演练各自负责的特定角色。除非确信手下官兵都已接受相当好的训练，足够履行各自的职责，否则没有哪个指挥官会选择发动战斗行动；另外，针对特定类型的战争或目标所开展的训练，越具体越好。

因此，有一则关于潜在敌人计划的一般性指导原则（有时也会相当具体），即训练的类型本身就是一项不容忽视的征候。然而，这种训练活动往往是一种相对长期的征候，而且可能发生在敌对行动真正开始之前的几周、几个月甚至几年。事实上，与其说这是对敌对行动所做的预料，倒不如说是希望能在敌对行动真的发生时做好准备。

在一段较短的时期内（也许是几周或更短），如果训练活动的模式出现异常变化，特别是正常训练停止或几乎停止，那么事实可以证明，通常这些正是关于敌对行动的更加具体或有效的征候。如果部队处于危机当中或可能面对敌对行动，那么它们的真正警戒措施往往是突然减少例行训练，同时还会将外派部队召回基地，使之进入战备状态。在真正的战斗警戒中，导弹部队不会被派往偏远的靶场开展训练，防空部队也不会被派往交火地区；需要这些部队的是它们的基地或战时部署地区。同理，大部分（甚至全部）常规的地面、空中和海上活动将被叫停，但空中和海上巡逻等防御措施可能还会加强。如果训练模式出现这种变化，可能会是一目了然的，而且它们是真正危机的一项显著特征，也是一种真正的征候，可以表明旨在应对潜在敌军的战备等级确实正在提高。美国情报界不断积累这方面的经验，而且以此为基础，通常有能力识破此类局势，但我们仍需持续保持警戒，防备那些没有发生（但理应发生）的事情，以及那些正在发生的事情。如果没有可以引起我们警戒的公开紧张局势，就意味着敌人正在秘密进行准备，这一点尤为正确。

"形势看起来相当平静"或"似乎没有太多事情发生"的陈述非常危险，容易产生误导。这种陈述的目的是让听者宽心，但实际上意味着因为实施警戒的缘故，正常的活动已经有所减少。

演习开始之后，在短期内将是一项负向征候。原因是如果将部队和后勤资源投入演习中，就无法保持参演之前的准备状态，也就无法对战斗局势做出响应。情报部门面临的问题是，需要确定某个"演习"的集结活动真的只是为了开展演习，而不是为了掩护部队开展部署，以发动进攻。在许多演习中，这个问题几乎不存在，因为开展演习的地点，大概不会是必须部署部队以发动真正进攻的区域，而会是在远离对峙前线的后方，甚至是远离大后方的后方。

欺骗措施几乎不会过于容易执行，也不会看起来如同透明一般显而易见，比如只是针对军事活动的性质或目的，发布一系列的虚假声明。事实证明，这种谎言有时是很有效的，而且我们不能保证整个情报界一定都能认清它们的本质。1968年夏，苏联宣布和华约的军队将举行一系列的"演习"，地点是捷克斯洛伐克的境内或附近。事实上，整整一个夏天，这些部队根本没有进行真正的演习，因为军方针对捷克斯洛伐克危机而开展的警戒和部署活动，彻底打乱了夏季训练计划。宣布这些"演习"只是为了给6月苏联军队出兵捷克斯洛伐克提供借口，另外更重要的目的是，为7月中旬以后苏军的大规模动员和部署提供掩护。苏联甚至公布了关于"后勤演习"的详细情境，并在该项演习的掩护下，完成了作战部队及其后勤保障的部署工作。尽管有此背景，尽管所有这些活动确实与苏联旨在控制捷克斯洛伐克局势的努力有关，但许多动态情报报告却采信了苏联关于这些"演习"的声明，认为它们是对当前发生事情所做的有效描述。即使在进攻发生之后，一些事后研究仍然无条件地坚持将其称为"演习"，甚至（信以为真地）重复苏联媒体报道过的这些情境。

就捷克斯洛伐克而言，相关人员的手头拥有充分的证据，足以据此做出判断，认定苏联并不是在进行真正的"演习"，苏联在整个夏季采取这种战术，就是为了通过种种手段，迫使捷克斯洛伐克就范。由此可知，这种情况要求人们在报告时必须格外谨慎和精明，以确保苏联的真实目的和目标不会被死记硬背苏联声明的做法蒙蔽。

（四）进攻准备与防御准备

在即将到来的危机中，如果战争即将爆发，或者人们担心敌对行动已经升级，这时情报界往往必须做出判断，确认这种准备是进攻性的还是防御性的。简言之，如果观察到敌方的军事活动，那么此番举动的原因到底是他们担心我们或其他对手可能发动进攻，还是在为他们自己的进攻行动做准备？

如果遇到可用于开展进攻行动的军队集结（特别是地面作战部队），又或是明显具有防御性质的活动（比如增加防空防御和战斗机巡逻活动），这时我们都会面临此类分析难题。在有些情况下，地面作战部队看似进攻性的集结，甚至是相当大规模的集结，可能完全是出于防御目的，因为确实害怕受到攻击。而在另一些情况下，那些看似防御性的行动，即集结永远不会在进攻中使用的力量，实际上也是进攻准备的一部分，目的仅仅是敌人认为他们即将发动的进攻行动将会招致我方报复。对此，我们如何加以区分？上面讨论的两种军事活动，如果其中任何一种活动出现加速的情况，什么时候应当认为这是进攻准备，什么时候应当认为不是？

这个问题并没有明确的答案，必须具体问题具体分析。然而，以下是需要考虑的一般性指导原则：

- 任何大规模的作战力量集结，特别是地面部队的大规模部署，如果超过了该地区合理的防御要求，应当被视为可能的进攻行动准备。事实上，经验告诉我们，这往往是唯一一个可以表明侵略意图的最优指标。
- 其他大范围的军事准备（比如大规模动员的努力和大规模后勤保障的集结）可以增加"部队部署可能是为了进攻性目的"这种可能性。
- 要想准确评估那些看似"防御性"的准备（特别是防空和民防措施），依据就是敌人为进攻行动而集结的能力到底该有多大。如果进攻能力正在迅速或稳步增强，很可能出现以下情况：随之同时加速开展的防御措施，其实就是因为敌人预料到其所规划的进攻将会招致我方报复，所以特意开展的。
- 如果没有集结进攻能力，那么防御准备可能就是进攻能力。
- 必须考虑到进攻准备和防御准备的速度和紧迫性。如果进攻行动即将发动，进攻方最迫切关心的可能就是自己祖国和人民的安全，所以针对目标可能报复所采取的防御措施有可能真的大大加强，并且大大加速。

（五）应对超常军事动向

如果敌人正在为敌对行动进行准备，那么这时的军事态势就变得非同寻常。这种不寻常不仅仅是程度的问题，即不仅仅是更多的最高统帅部活动、更多的通信联络、更多的警戒措施，等等。其中还将涉及以前从未有过的活动，但除非是准备发动或将要发动敌对行动，否则此类活动永远不会发生。

预警指标清单的汇编人员投入了极大的努力，试图挑出并准确定义敌对行动所特有的那些准备，或至少是在和平时期极不寻常的那些准备。当然，在任何此类清单上，第一项都是不择手段地获取进攻命令。第二项是进攻计划（并不需要实施计划的命令）。值得注意的是，纵观战争历史，这道情报难题曾被不止一次地成功解决过，但这样的成功结果并不总是能够获得采信。

此外，一些指标也具备这种高特定性和高价值性，因为它们只能被解读为进攻行动所做的准备。这些行动永远不会被用于防御或预防目的，也几乎不会在和平时期实施。在某些情况下，这方面的信息甚至比进攻计划或命令更有价值，或是更有说服力，因为计划或命令往往都很可疑，有理由被认为是一种阴谋或欺骗努力。

具有如此高特定性和高价值性的军事指标类型包括：

- 将行政类军事指挥部改为作战指挥部的调整，或从和平时期组织改为战时组织的变化。
- 各战时司令部或备选指挥所的大范围启用。
- 将通常情况下受到严格管制的各类武器，特别是化学武器或核武器解禁，交由指挥官控制。
- 在海上通道布设水雷。
- 向前线部队指派口译员或战俘审讯小组。
- 有证据显示对方开展主动军事欺骗，而不是加强安全措施。
- 实施超常的军事安全措施，比如撤离军人家属或驱逐边境人口。
- 通过各种手段加强侦察力度，尤其是针对首轮突袭时可能攻击目标所开展的侦察。

- 突然采取超常的伪装或其他隐蔽措施。

如果情报系统非常幸运，获得了具有如此高特定性的征候，此时最重要的就是必须采信这些征候，并给予它们应有的重视，而不是将它们丢失在海量的其他传入数据中。一些动向看似极小（它们在整个活动的范围中占比极小），但可能是最重要的。如果有人试图计算它们的发生概率，就会在量表上看到很高的得数。

（六）准备工作的规模和冗余

无论注意到的异常征候或具有高度特定性征候的数量究竟有多少，最终的评估往往高度取决于潜在进攻方军队集结的总体规模。理应如此。事实再三证明，军事力量的大规模集结，并且规模远远超出正常时期或防御目的之所需，这些正是关于军事意图的最有效征候。许多人遗憾地认识到，自己犯了一个非常巨大的错误，把压倒性规模的军力集结一笔勾销，贬斥为"仅仅是能力集结"，因此无法从中得出任何结论。

苏联出兵捷克斯洛伐克就是这种现象的具体例证。从本质上讲，当时的错误判断是，苏联和华约进行的军力集结规模极大，但这既有可能是出兵进攻，也有可能仅仅是为了展示武力或试图威胁捷克斯洛伐克，我们对这两个目的的重视程度不相上下。这是自二战以来苏联最大规模的作战力量集结，远超1956年控制匈牙利"十月事件"时动用的兵力。即使对于苏联事务经验丰富的军事分析人员，在现实中也从未见过这样的事情，因此几乎无法相信自己手头的证据。这股力量的强度符合苏联关于进攻作战的学说概念：即使料到将会遇到抵抗，也是如此。仅凭逻辑推理，都不需要提及历史教训，我们就应该知道如果只是为了向杜布切克[1]施加更多的

---

[1] 亚历山大·杜布切克（Alexander Dubček），1968年至1969年任捷克斯洛伐克共产党中央委员会第一书记。——译注

压力，根本不需要如此规模的军力。

作战部队集结和战争后勤准备有一个共同的特点，进攻方将谋求获取更大的优势，以便在维持战争的实力和能力方面胜过敌人，也就是说，如果军事规划人员有权按自己的方式行事的话，就会如此。所有指挥官都希望能在万事俱备之后再发动进攻。事实上，他们虽然拥有足够多的东西，但从来不会感到满足。有时，部队不得不在人员物资极度匮乏的情况下开展行动，但指挥官几乎不会主动选择这样做。

因此，补给的冗余和装备的巨大优势，以及大规模的兵力部署，都是为发动进攻所做的真正集结。有时，人们会发现进攻方的集结时间过长，并正在进行看似过度的准备。在这种情况下，情报分析人员应当保持谨慎，注意避免此前已有很多人掉落的陷阱，也就是得出结论，认为所有集结没有任何意义，判断理由就是敌人手头已经掌握了太多的东西，早已足够用来发动进攻。人们已经非常严肃地提出这个论点，甚至将其称为负向征候（"除非对方是虚张声势，否则不会做出所有这一切"）。这种逆向推理是在将预警推上绝路。

军事力量和后勤保障的大规模集结，从来都不会是负向征候。军事行动或许偶尔不会紧随这些集结发动，但之后发动的可能性很大。一般来说，目标的集结程度越是高于他的敌人，他发动进攻的可能性也就越大。忽视这类证据的后果将是致命的。

第4章
预警中的政治因素

我们可以轻易证明军事动向对预警的重要性和相关性。任何人都可以看到,预警指标清单上列出的众多军事准备措施都具有直接相关性,可以据此判断敌人有派遣军队的能力,并因此至少判断出可能有派遣军队的意图。许多军事动向(包括一些最重要的军事动向),在现实中都是可以计量或量化的,但前提是目标地区有我方搜集能力存在。例如,有大量坦克部署在这个地区,在过去两周内就会出现某个百分比的增长。事实上,这样的信息绝无歧义;对它进行的解读并不取决于主观判断。

一、政治指标的模糊性

> 相比开展军事准备,人们更有可能在政治领域隐瞒意图。

相比之下,政治动向或政治指标对预警的相关性往往没有那么一目了然,也不是在现实中可以证明的,而且人们对特定动向的解读很可能非常主观。相比开展军事准备，人们更有可能在政治领域隐瞒意图，至于欺骗，就更不用说了。至少在理论上，一个封闭社会有可能完全隐瞒决策，有可能不采取战备措施，不让本国民众在心理上为战争做好准备，还有可能操纵本国的外交和宣传活动，使政治氛围确实没有出现明显的外在变化，也就不会引起敌人的警觉。当然，在实践中，这种情况其实从来没有发生过。但是，即使存在大量的政治异常现象，外交和宣传活动也出现了重大变化，我们或是难以解读它们的意义，或是解读结果令人无从捉摸。除了老套的最后通牒和宣战，或者搜集的"管道"已经打入敌人的决策委员会当中，几乎所有的政治征候都会存在某种程度的模糊性和不确定性。由此可知，对政治征候所做的解读，很可能比对军事动向的解读有更多的变数和争议。

这种情况在现实中具体表现为，预警指标清单上的政治和非军事动向通常较少，而且措辞往往更加模糊，也更加不精确。仅举一两个例子便足以说明这个问题。预警指标清单上的通常都是政治项目，比如"旷日持久的高层领导会议"和"国内警方管控显著加强"等。当然，此类动向是很可能具有重要意义的征候，可以表明关于发动战争的决策正在酝酿当中或已经做出，但也完全可以指向是国内骚乱等国内动向。即使是与外交事务直接相关的政治指标，比如"外交政策普遍变得强硬"或"面向某个关键地区或关于该地区的宣传广播大量增加"等，其本身也不一定就是诉诸武力的决策或意图的具体表现形式。此类动向非常重要，即使只是作为可能的征候，用以表示有时被称为"总体局势"的态势时，也同样是非常重要的。虽然并非所有政治指标都是这么不具体，但我们也不可能精确地定义潜在的政治指标；事实上并不存在政治方面的"编制和装备表"。另外，我们不可能事先预测敌人是会选择公开自己的目标和意图，还是会尝试彻底隐瞒，又或者最有可能的情况是，会采取某种中间路线。因此，对于任何假定的未来局势来说，政治征候的数量几乎是不可能预测的。我们可以较有把握地预测称，目标将会开展某些特定的军事准备，但我们无法预测在政治决策做出后，它的哪些具体表现形式是一目了然的，也无法预测此类表现应当如何解读，或者至少无法赞同他人在这些问题上的观点。

政治指标的这种模糊性和非特定性，往往意味着我们关于"政治预警"的感受，很可能要比关于军事证据的感受更加主观，因此更加难以向他人做出定义或解读。有时，人们的"感受"会略微超越不安感或直觉"感觉"，即觉察到敌人在密谋什么，当然这些无法向其他不在同一波长上思考的人证明，甚至无法向他们告知。如果分析人员或军事指挥官试图用语言来表达这种不安感，可能会绝望地发现根本无法解释自己的这些"感受"，甚至直接担心自己是在出丑。然而，这些"感受"通常都是准确的（甚至是非常特定的）晴雨表，可以指示即将发生的动向。因此，在苏联开始封锁柏林几周之前，卢修斯·克莱[1]将军向美国华盛顿的陆军情报局（Army Intelligence）发了一份电报，部分内容如下："在过去几周内，我感觉到苏联的态度发生了一种难以言表的微妙变化，但这种变化现在给我的感觉是，它（战争）到来的方式可能会带有极大的突然性。我无法使用任何数据或各种关系中的外在证据来支持自己脑海中的这种变化，只能说每个与我们有官方关系的苏联人都会给我一种新的紧张感。"[2] 克莱将军后来回忆自己当时的感受说："不知何故，我本能地感觉到，柏林那里的苏联人的态度发生了明确的变化，有事即将发生。我已说过，我并没有收到可以证实这种感觉的情报。"[3]

在其他几次事件（比如朝鲜进攻韩国之前的 1950 年春季，以及 1962 年的最初数月，也就是苏联开始大幅增加对古巴的军火运输之前的那段时

---

[1]　卢修斯·杜比尼翁·克莱（Lucius Dubignon Clay），二战后美国驻德占领区司令。苏联封锁柏林期间，他指挥盟国对西柏林实行空中运输供应。——译注

[2]　*The Forrestal Diaries*, ed. Walter Millis (New York: The Viking Press, 1951), 387.

[3]　Lucius D. Clay, *Decision in Germany* (New York: Doubleday and Company, Inc, 1950), 354.

间）中，同样是这种认为有事将要发生的不安感，萦绕在敏锐的情报分析人员的心头。即使在政治预警不那么模糊和主观的时候，即当政治氛围明显恶化，紧张局势正在因为某个可能引发战争的特定局势而加剧之际，政治指标可能仍然是不精确的，也不是可以计量或量化的证据，无法证实特定的行动模式。当然，凡事皆有例外，敌人也可以不去尝试隐瞒自己的计划，或是以公开或私下的方式，向其目标直接发出警告。然而，政治征候往往只能为我们提供一般性预警，例如承认战争爆发的风险正在大大增加，或是敌人正在遵循的行动模式显然极有可能导致敌对活动。

（一）政治因素在预警中的关键作用

在很大程度上，正是因为这些不确定性，导致人们对"政治因素对预警的重要性"怀有根本性的猜疑和误解。特别是在军官（但绝不仅限于这个群体）中，存在一种想要淡化"政治预警"重要性的趋势。因为政治征候在精确性、可计量性和可预测性等方面全都逊色于军事征候，所以人们会轻易做出结论，称它们的重要性稍逊，在评估敌人的意图时，只能给予次要或附带的关注。在某些情况下，预警文件和评估似乎过分强调必须发现军事准备，对政治问题却只是一笔带过。

几乎没人能像美国情报界某位真正的预警专家那样，对政治评估的重要性做出极其出色的定义。早在多年之前，这位专家便写出以下极具洞察力的评论：

我们的疑问是，政治因素在预警中的关键作用，是否真能保证它得到更多的重视或强调。

我们发现，在预警流程中，政治因素（或"态势"）是最深奥且难以捉摸的领域之一，而"政治态势"（political posture）一词的内核一直都是含糊不清的。然而，无论是否难以捉摸或含糊不清，它在预警中的关键作用都必须得到应有的重视。我们得出推论：政治因素在某种程度上就是一个独立的集合，与现实世界中的"准备"这个集合并列；如果在这场博弈的某个时刻，政治因素与现实准备同时可用，那么前者就可以增加或减少我们所拥有的物质总量。事实上，在敌人准备过程中的任何一个给定节点，政治背景资料可以决定你是否真的掌握了关于敌人的"准备"这个集合中的某些情况。在我们发现一种或多种特定模式的现实"准备"，进而收到它们传递出的预警之后，政治背景资料并非仅仅是为这种预警添加一些增量。更确切地说，它是一种根本性和"先验性"（a priori）的背景资料，可以指出现实世界中的特定活动，可能会与某个真实且实时的预警问题存在相关性；它还可以为现实世界中的"准备"赋予假定的证据价值，使之成为征候，另外也可以否定这种假定证据价值。在人们讨论假设的未来预警问题时，必然会带出一个主观程度小到难以察觉的假定。不管讨论的是人们认为应当收到什么征候或证据，或是人们将如何分析这些征候或证据，还是其他内容，都假设确实存在这个争论焦点：人们正在研判的那些活动已被认为是"准备"。如今，从逻辑上讲，如果事实上敌人没有主动计划想要去做某些事情，就不会为它们进行"准备"；如果某个事物在现实中并不存在，就不会有关于它的有效"征候"（更不会有对受攻击敌国实体进行横截面采样，再将采样得到的"征候"汇编成完整的概要）。情报界应当根据所掌握的情况，对敌人的政治态势做出假定并相信自己所做的假定，进而能够合理地接受"敌人可能真的在为发动进攻而进行准备"这种可能性至少是存在的。除非真的可以做到，且必须达到一定的程度，否则不论敌方活动是特定的还是具有某种共性，都不太可能得到采信，不能用来反映或表明这是为进攻所做的"准备"，哪怕是偶尔的权宜采信也不会有。在对敌人的外交政策目标和动机因素等进行政治评估时，只要主流意见依然充满自信地认为，关于那些被指正在进行的"准备"，其相应的行动模式是难以置信的，或是不可能做到的（甚至是不太可能存在的），那就根本不会启动征候情报的累积流程。由此可知，政治因素总是会从一开始就妨碍预警工作，并且自始至终都是预警流程中一项持续存在并且非常重要的组成要素。

以上观点主要来自我们在预警流程中积累的经验。然而，从问题本身的内在逻辑出发，我们可以得出同样的结论。通常情况下，预警最终直指敌人发动进攻的意图，从根本上讲这是一个政治问题，涉及敌国政治领导人做出的最高级别政治决策（当然，我们在此并不讨论某个军事疯子随意按下按钮等特殊情况）。在开展这种评估中，通篇都在讨论的预警工作的基本原理，就是假定存在以下情况：

1. 敌方发动进攻的决策；
2. 为确保进攻成功的措施和准备工作的计划；
3. 计划已经得到执行。

第3条中正在进行的流程，会以碎片形式在现实中表现出来，所以通常来说，情报流程就是我们发现和识别这些碎片，然后对其进行整理排序的活动，目的是重建并证实第2条中的基本框架，而且希望从中推导并证明第1条，而这正是一次经典的预警流程。如果不能从一开始就对第1条持有正确（尽管是假设）的认识，我们就不能指望可以从第3条出发，通过有效推理一直推回到第1条。于是，我们再次发现，不论是理论上还是在实践中，关键的最后一环完全是政治性的。无论是从莫斯科还是华盛顿的角度来看，政治背景都是情报研究的顶点：对敌人来说，这是那个关键进程的起点；但对美国情报部门来说，这里却是终点！[1]

---

[1] 弗兰克·丹尼（Frank Denny），美国国家征候中心主任，此处引自其20世纪60年代初未出版手稿。

（二）政治感知是预警的根本

> 感知敌人的根本目标和优先事项是进行预警的必要条件。

感知敌人的根本目标和优先事项是进行预警的**必要条件**。这便是"收到预警"的人们与没有收到的人们之间最显著的区别。如果人们没有从政治角度去感知敌方的目标和国家优先事项，又或是没有认识到军事行动可能是敌方当前行动模式所能造成的合理结果，那么再多的军事证据也无法说服他们。这个观点的正确性可以在一个又一个实例中得到证明；这是"人们看不到这些东西"的问题，哪怕"事实"再多，他们几乎还是看不到。正如有些人看不到希特勒决心征服欧洲一样，另一些人后来也看不到苏联或许要出兵捷克斯洛伐克。从根本上讲，所有问题都出在政治感知上，而不是出在对军事证据的评估上。有份关于捷克斯洛伐克危机的征候研究报告（是在事件发生之后撰写的），描述了7月中旬（即苏联开始动员和大规模部署部队之前）我们在分析中存在的问题，具体如下：

必须强调的是，尽管动态情报报告已经清晰明确地指出了危机的严重性和苏联此番战术的性质，但分析人员之间确实存在根本性的意见分歧。争论的焦点是苏联能够并将会使用什么手段来实现自己的目标，以及如果捷克斯洛伐克依然坚持不肯妥协，它最终是否会选择出兵捷克斯洛伐克。

一方面，一派分析人员质疑苏联是否真的有能力采取行动（包括动用军事力量），以此扭转捷克斯洛伐克的事态发展方向。他们往往会持一种观点：即使苏联不能通过政治手段来确保捷克听话，也不会通过直接军事行动的做法，去损害自己的国际形象、与西方各国共产党的关系，以及努力与美国共存方面取得的进展。他们认为，自从介入匈牙利事件以来，苏联在政治上已经发生了变化，或者说变得成熟了，不太可能再次采取此类行动。出于这些原因，苏联对捷克斯洛伐克采取直接行动的做法，会被认为有些"不理性"，也因此不太可能实施。因此，这一派在不同程度上倾向于认为，苏联随后将要采取的重大军事行动，目的是在向捷克斯洛伐克施加更大的压力，而不是为军事行动进行的真正意义上的准备活动。

另一方面，另一派分析人员在当年初夏时便倾向于认为，苏联极其重视并且下定决心要维持对捷克斯洛伐克的控制，最终将动用包括军事力量的一切手段来确保此事。他们认为，苏联出于政治原因，同时出于战略原因，不能容忍失去捷克斯洛伐克，并认为苏联的安全利益是其首要考虑。因此，苏联将会做出决策（哪怕事实上尚未做出决策），即认定对捷克斯洛伐克开展军事行动的做法，其实正是两害相权取其轻。因此，分析人员并不认为这种行动模式是不理性的，而且先知先觉地倾向于认为，苏联开展的这些军事行动正是为后续举措所做的准备。人们做出的这种判断或评估，对于预警流程来说至关重要，而且不论国家层面是否已有达成共识的评估，每个人都在做着自己的判断或评估。在"敌人的哪些行为是理性的或符合逻辑的"这个问题上，每位分析人员都会有自己先入为主的观点或看法，并将受到它们的影响，虽然或许只是无意识的影响。他们对此所做的判断，将会帮助确定自己如何解读给定信息，以及选择报告什么情况，虽然有时他们自己并没有意识到此种情况。[1][2]

[1] Cynthia Grabo，1968年未出版手稿。
[2] 格拉博1968年撰写的手稿，后被以机密文件的形式出版，在美国情报界内部发行。2015年这些文件全部解密，面向公众出版。金城出版社于2019年出版中文完整解密译本，名为《预警情报手册（完整解密版）：国家安全威胁评估》。——译注

上述讨论应该有助于解释为什么有些批评人士反对"军事预警"和"政治预警"这两个术语，因为如此区分，就是将其视作两个彼此独立的流程。有些征候在本质上是军事的，也有一些主要是政治的，但预警只有一种。"情人眼里出西施"，预警也是如此。

许多人都假设政治分析人员（或美国国务院等政治机构）负责政治分析，军事分析人员（和美国国防部等军事机构）负责军事分析，但这是极端错误的。国务院各下属情报机构进行了大量的本质上是军事分析的工作，而且它们在进行政治评估时必须始终考虑军事因素。也许更加正确的事实是，军事分析人员一直在针对我们潜在敌人很可能采取的军事行动，进行本质上是政治判断的工作。他们可能没有意识到这一点；这可能完全是无意识的，但对政治因素所做的评估，其实是所有军事估计和其他针对敌人行动模式所做分析的基础。

对预警来说有一点是极其重要的，那就是对意图所做的无端政治判断，不可延伸至针对敌人能力所做的军事评估之中，或者至少政治判断必须与关于军事能力的陈述泾渭分明。关于这一点，美国在 1950 年 6 月朝鲜战争爆发前所做的判断便是极好的例证。当年 3 月，美国陆军情报局做出正确判断，报告称朝鲜军队正在稳步集结，因此有能力随时进攻韩国；但随后又做出判断，认为朝鲜不会这样做，至少目前不会，由此削弱了前一个极其重要的军事判断（这个判断本身就是预警）。麦克阿瑟将军设在远东的情报部门做出同样的判断，即从军事角度讲是正向的，但从政治角度讲是负向的。由此可知，无端的政治判断（从未有人真的提出过做此判断的依据和具体论证）实际上往往会淡化甚至否定一项非常重要的军事估计。

> 预警之所以失误，更多的是因为缺乏政治感知，而不是因为缺乏军事证据。

预警之所以失误，更多的是因为缺乏政治感知，而不是因为缺乏军事证据。当笔者向军官们指出这一点时，他们的反应往往是说，不能真的相信这些政治人员，如果可以更加重视军事人员，那么一切都会更好。在某些情况下，这可能是正确的（在 1968 年捷克斯洛伐克事件中，至少是部分正确的），但在另一些情况下，正是军方自己做出了政治误判，并让这种误判推翻了军事证据。有些案例中，在感知可能的军事行动模式方面，政治官员是遥遥领先于军事分析人员的。在预警工作中，在我们经常犯错的地方，指责在所难免。关键在于，在评估敌人的意图时，不论政治判断是谁做出的，都很可能远比军事分析更加重要。

二、关于感知的问题

几乎不会有人反对上一节提出的一般性命题：对另一个国家意图的感知，从本质上讲就是对特定环境下的动向所做的政治判断，而且这种对该国优先事项和目标的认识，正是做出一切预警性判断的依据。在本节中，我们将更加详细地探讨这个问题，并将通过一些具体的示例，阐释它是如何影响我们对敌人行动模式所做的判断的。

（一）感知冲突爆发的可能性

正常情况下，不论是政府部门内部人士，还是受过良好教育的公众，都很清楚两国或多国之间可能或不可能爆发冲突，而且这种判断通常是相当准确的。做出判断的依据是，我们认识到两国或多国之间爆发战争的基本条件，或是根本不存在，或是存在的可能性程度各异，小到爆发战争的可能性微乎其微，大到几乎所有表明最终将有敌对行动的政治征候都是正向的。

我们对国家之间爆发冲突的可能性所做的评估，我们对某个国家是否倾向于诉诸敌对行动的感知，或是对该国在追求其目标时的攻击性或谨慎性是多是少的感知等，虽然程度各有不同，但都位于上述两个极限之间。我们对这些问题的了解程度，不仅是我们做出情报评估（特别是《国家情报评估》）的依据，也是我们国家制定政治和军事政策的依据。

这种态度是至关重要的，在我们感知并表述政治预警之后，它可以影响我们对这些预警的性质和数量的看法。对于任何一个国家来说，如果人们普遍认为该国领导人在本质上是侵略成性的，只会扩张或征服，那就可以做出推论，认为该国在对外发动进攻之前，并不需要在态度或行为上做出根本性的政治改变。在这种情况下，开战的理由业已存在，它不是由背景环境中某种我们可以发现的变化引起的。

（二）优先事项与传统行为

就任何一个国家来说，它在特定局势下将会做何反应？通常来说，在对该问题进行预测时，至少部分依据应当是该国传统的国家目标和过去的表现。因此，必须了解潜在敌人过去的国家目标或优先事项。当然，这是假定国家行为是理性和连贯的，但实际并非总是如此。无论如何，这个前提通常是有效的。这个概念探讨的是在特定环境下，很可能出现的国家行为到底是什么。接下来我们就可以据此做出判断，指出一个国家的开战目的会是什么，以及不会是什么。

任何一个国家（或领导人）都不可能长时间隐瞒自己的基本理念和国家目标。欺骗和隐瞒是无法延长到这种程度的。所有领导人都需要有民众支持自己的计划，尤其是那些最终将会导致战争的计划。纵观历史，大多数领导人，即使是那些一心要走侵略路线的领导人，也很少花费太多力气去掩饰自己的意图，有些领导人（例如希特勒在《我的奋斗》中）已经向我们透露了真正的蓝图，明确告知了自己计划实现的目标。在这种情况下，如果没有正确感知敌人的总体行动模式，通常是因为我们不愿意相信报告给我们的那些事情，就好像许多人拒绝承认希特勒在其书里发出的明确预警那样。

不幸的是，政治预警并非如此简单。虽然了解基本目标和优先事项是至关重要的，但它们可能不会为我们提供具体预警，不会指明另一个国家在某些特定局势下将会采取哪些行动。政治预警通常无法告诉我们，这个国家为了实现目标准备冒多大程度的风险，无法告诉我们在诉诸军事行动之前，它在通过政治手段谋求实现目标的道路上能走多远，也无法告诉我们事实上它最终是否将会采取军事行动。简言之，即使我们非常了解敌人的理念和目标，也必须更加具体地了解其在特定局势下的目标和决策，以便能够预测出对方可能的行动模式。

（三）特定问题的战略重要性

除了计划已久的蓄意进攻这种情况外，爆发冲突的可能性通常是因为某个特定问题或动向而产生的，而且潜在的进攻方可能几乎无法控制这种可能性。又或者，如果当前局面在很大程度上是进攻方自己造成的，那么局势的发展和其他人的反应可能就会与其所预期的有所不同。可能存在而且通常确实存在大量复杂的因素，可以影响到其所做出的政治决策。仅仅针对敌人在这种局势下应当做何反应，或是其在过去曾经做何反应等情况做出一般性估计是不够的。重要的是必须了解敌人现在是如何看待这种局势的，而且必须解读其在此种特定局势下将会如何行事。我们现在面对的是局势，而不是理论。因此，我们应当放弃长期估计方法，转而采用具体且更加短期的征候方法。

在这种情况下，就关于这个国家的目标和可能行动模式的传统概念来说，我们的重视程度应当如何？就关于敌人此次要做什么的具体征候来说，我们的重视程度又当如何？在多数情况下，这里往往不会有太多的权重冲突，而且事实将会证明，那些传统的或看似合乎逻辑的行动模式其实都是正确的。在这种情况下，动态政治征候与我们对这个特定国家的行事预期将是大体一致的。如果根据过去的行为和当前的征候，我们只能做出本质上为负向的评估（即目标国家在这种情况下不会诉诸军事行动），此时这一点将会更加正确。

如果这些因素中有一些不一致，那么预警难题很可能就会出现，特别是当一直以来的估计或判断表明敌人在此局势下不会采取军事行动，但当前的军事和政治征候却表明其会采取军事行动时。哪一个才是正确的？另外，如果与既有估计相背离，那么应当为动态征候赋予多大的有效性？如果不进行大量警告，那么任何答案可能都会是过度简单化的，并往往会被那些推翻一般性结论的示例所驳斥。历史表明，在这些情况下，还是应当更加重视动态征候。换言之，更加重要的是必须了解特定问题对国家的战略重要性，而不是过度重视传统行为和优先事项。这正是预警失误的根本原因，其结果是，看起来进攻方的行为与我们一直以为他应该采取的行动不一致，或是与我们估计他将要采取的行动不一致，因此我们会遭到"突袭"——他并没采取我们以为他将要采取的行动，或是以为他应该采取的行动。

在某些情况下，一个国家的行动模式确实会显得极不合理。这是因为该国对形势做出了误判，无论是长期误判还是短期误判，又或是两者兼而有之，并且终将适得其反。笔者想到两个非常直观的例子，一个是日本偷袭珍珠港，另一个是古巴导弹危机，前者对日本来说虽是短期胜利，但却是长期误判，而后者是短期的严重误判。在这两个案例中，就评估敌人的意图来说，更加重要的是关于敌人正在采取行动的征候，而不是任何情报评估，因为事实证明这些评估都是错误的。事后人们发现，在古巴局势这个问题上，我们完全误判了赫鲁晓夫关于优先事项的感受（正如他误判了我们一样），另外人们还发现，在他心中一定有一个压倒一切的需求——希望能在某种程度上实现与美国的战略对等，这令他铤而走险。

> 应当去感知敌人在想什么，以及当前问题对他有多重要，因为这是我们了解他将要采取何种行动的依据。

许多程度较轻的危机也是这种情况。应当去感知敌人在想什么，以及当前问题对他有多重要，因为这是我们了解他将要采取何种行动的依据。正是因为缺少这种感知，导致我们极大地误判了北越的意图，以及在越南战争中将要遇到的抵抗。后来的情况也是显而易见的，美国情报部门，或许还有政策层面的官员（当然，他们中也有个别例外），全都大大低估了北越领导人坚持作战的决心和能力。毫无疑问，实际上正是这种态度让我们在1965年至1966年间，不愿相信河内正在动员武装力量，准备在南方进行一场旷日持久的战争。

我们还应强调，或许不需要特别的搜集努力或高超的分析才能，就可以感知各国关于特定问题的看法。面对安全意识极强、被怀疑诡计百出的敌人，我们也不能肯定地说，他一定会使用不正当的手段，去掩盖他在对国家安全或国家目标至关重要的重大问题上的感受。只要我肯花些时间去研究他的言论，并试着从他的角度加以解读，那么通常情况下，他关于某个事件的感受，以及这个事件对他的重要程度等情况就都是显而易见的。

（四）影响政治感知的因素

必须客观感知敌人的态度，必须有能力从敌人的角度看待事情，这些对于预警至关重要，对于政治分析更加重要，因为它们必然比军事数据的汇编和分析更加主观。

"舆论氛围"也会极大地影响政治感知。如果某个国家的民众普遍对另一个国家持有某种观点，那么个人很难保持自己的独立观点，而且这种独立观点几乎不可能得到认同，即使可能有大量证据支持此观点时也是如此。改变国民的态度是需要时间的。

一个颇具相关性的因素是，在我们判断敌人将要采取哪些行动的时候，本国的国家政策和军事计划会对我们的判断造成什么影响。一旦国家决定采取某个行动模式（比如认为某个特定国家对我们的国防是否至关重要，以及我们是否决定保护该国），几乎不可避免地会对我们的评估产生某些影响。这并不像说出政策层面想听的话（或不说他们不想听的话）那么一目了然，它对我们思考和分析的影响往往更加难以察觉。我们可以举出许多历史实例，比如越南就是其中之一。我们认为北越一心想要征服南越，但这个概念几乎肯定受到美国 1965 年出兵保卫南越这项决策的影响，或者至少被这项决策强化了；于是，把北越说成是侵略者，进而以这种方式思考问题的做法就顺理成章了。

关于朝鲜在 1950 年 6 月发动进攻之前的意图，我们的判断也深受美国在该地区政策的影响。在朝鲜发动进攻至少 3 年之前，美国官方就已经发现，美军一旦撤离，朝鲜极有可能会谋求占领韩国。但美国还是决定撤出美军，部分理由是韩国对于美国在远东地区的军事布局并不重要，并决定将朝鲜问题移交联合国。一旦决定将韩国从美国的军事责任中剔除出去，美国就不会制订相应军事计划去保护韩国。这对情报评估的影响，以及由此对预警的间接影响，都将是双重的：一方面，朝鲜半岛成为美国政策的低优先级地区，因此成为搜集的低优先级目标；另一方面，情报分析人员认为，如果朝鲜发动进攻，美国将不会采取军事行动，因此在评估中往往会淡化该地区的重要性，并以暗示的方式淡化朝鲜发动进攻的可能性。即使有人预料到朝鲜将会发动进攻，并预测进攻即将到来（当然不一定是在 6 月），他们也认为相比欧洲和远东其他共产主义国家的潜在军事威胁，这种可能出现的进攻是相对不太重要的动向，因此几乎不会在评估中予以强调。他们认为无须急于就朝鲜问题向政策制定者发出预警，因为无论如何美国都不会采取任何措施。这里只是所谓的共产主义阵营（苏联及其下属的卫星国）可能攻击的众多地区之一，而且显然是最不重要的地区之一。

还有一个极具相关性的因素，可以影响当时我们对朝鲜问题的评估，即人们认为只有苏联才是真正的军事威胁，美军应该做好准备，以便能够采取行动加以应对。关于有限的"解放战争"或通过第三方间接发动侵略的概念，当时人们只是略有耳闻，甚至一无所知。朝鲜半岛和欧洲那些共产主义国家一样，只被视为莫斯科的棋子；如果战争真的爆发，那便是苏联煽动的，并且是一场更大冲突的一部分。当时的情报评估以及军事规划都反映了这种对共产主义阵营威胁的看法，而且几乎没人暗示说，共产主义阵营的进攻可能仅限于朝鲜半岛。李奇微将军准确地描述了当时的主流观点，具体如下：

1949 年，我们完全相信这样一种理论：下一场涉及美国的战争将是全球战争，届时朝鲜半岛的重要性将相对较低，而且无论如何都守不住。我们所有的计划、所有的官方声明和所有的军事决策，从根本上讲都来源于这个信念。[1]

最后，我们发现，能够影响人们对进攻可能性所做判断的因素，是那种不愿相信或承认它的心理，即倾向于把问题推到一边，认为它极其令人不悦，因此无法予以思考，希望它就此消失。我们所有人在某种程度上都有这种倾向，还会变得愈加强烈，其诱因是绝望感和什么也做不了的无能为力，又或者是不想捣乱或搅浑水，以免进一步激怒潜在的进攻方。可能主要出于这种考虑，斯大林才会明显没有预料到 1941 年 6 月德国对苏联发动进攻，并且对提醒他进攻将至的无数预警不予理会。毫无疑问，对于

---

[1] Matthew B. Ridgway, *The Korean War* (Garden City, NY: Doubleday and Company, Inc., 1967), 11.

德国将要进攻一事，苏联收到大量的长期战略预警，而且一些观察人士认为斯大林狂妄自大的程度与希特勒不相上下，因此对其视而不见。也有一种观点认为，他确实已经预见到这场进攻，但他认为没有更多的措施可以阻止进攻，因此试图稳住希特勒，并公开拒绝承认存在进攻风险，以此尽可能拖延这场进攻。不管是真是假（毕竟我们不可能知道斯大林的真实想法），他这项政策的结果是，让苏联公众特别是武装部队放松了对最终到来的进攻的准备。

三、政治预警中的几点思考

（一）外交活动和外交政策

因为战争是以其他手段表达政治关系的一种方式，国家只有在无法通过政治手段实现目标时才会诉诸战争，所以外交政策和外交活动是一种非常重要的征候，可以用来指示这个国家的目标。时至今日，人们很难想象如果国家之间爆发敌对行动，事先竟然没有出现危机或至少是外交关系的恶化。事实上，从历史上看，如果即将发生敌对行动，那么最明显的预警通常会出现在外交政治关系领域。两次世界大战在欧洲爆发之前，国际政治氛围显著恶化，使得战争的威胁变得有目共睹，甚至是"不可避免"。日本偷袭珍珠港之前，美日政治关系也曾出现一次危机，极大地加剧了美国对于爆发战争的担心，但它并没有预判出日本的具体意图。有人相信国际政治危机和执行外交政策时遇到的动向，也可以预示未来将会爆发战争，毫无疑问，他们都是接受过历史教训的。

仍有很多人表示质疑，认为未来爆发战争之前，政治氛围不一定会出现如此明显的变化。此外，我们并不确定这种性质的政治征候是否能给我们提供预警，这种不确定基本上正是征候情报的存在理由。如果我们坚信可以获得此类政治预警，显然就不需要太多的征候分析了；至于直接发出的最后通牒和宣战，自然更不用说。我们也可以只对敌人的能力进行评估。二战结束之后爆发了一些冲突，冲突所处的大环境自然可以证明担忧是有根据的。朝鲜进攻韩国便是最明显的例子。在此之前，短期内没有任何政治危机或外交预警，但政治气氛长期以来一直高度紧张，而且朝韩两国之间没有外交往来。1956 年和 1967 年的中东冲突之前，也都发生了国际政治危机，但基本上没有关于以色列决定发动进攻的特定政治征候。

相比过去，如今我们不太确信可以通过外交政策和外交活动中的动向，去获得特定的政治预警，或许出于以下三个主要原因：

- 现代武器，哪怕是非核武器，为进攻方赋予了更大的优势，进而增加了政治性突袭的重要性。1967 年以色列发动突袭就是一个绝佳的例证。可能部分出于这个原因，进攻前断绝政治关系或宣战等不再被认为是一种可取的做法，而且今天也几乎不会有国家这样做。
- 我们主要潜在敌人的军事理念是，没有外交警告，直接发动攻击，而且不管此前关于敌人意图有过多少一般性政治预警，他们几乎肯定会采取这种不宣而战的做法。从短期来看，这是最简单、最常见的一种欺骗手段。
- 为预先阻止冲突，其他国家会通过联合国或其他方式施加极其强大的压力，于是今天的各国迫于这种压力，愈加感到只能在没有外交警告的情况下采取行动，以便抢在国际维和机制启动之前，率先达成自己的目标。

总之，通过外交渠道对即将到来的进攻发出具体警告的做法，很可能已经成为过去。然而，这并不一定意味着在外交政策和外交活动中，关于意图的更加一般性的征候不再显而易见。事实上，随着战争的危险性和破坏性不断增加，人们有相当充分的理由相信，在战争爆发之前，将会有充分证据让人看出国际政治关系正在急剧恶化。换言之，我们仍然应当期待能从此类动向中获得一般性的战略预警，甚至是关于进攻迫在眉睫的短期预警。然而，人们可能需要更高水平的分析，才能发现战争已然迫近。

（二）公共外交、宣传和虚假信息

在这里，"宣传"（propaganda）一词使用的是最普遍的意义，以求涵盖在国家控制或指令下，以任何方式提供的、旨在争取或影响目标受众的所有信息。宣传可以是真的，可以是假的，也可以介于二者之间；它针对的可以是国内受众，可以是国外受众，也可以二者兼而有之。它可以通过私人渠道传播（即通过简报、指令或"决议"，向对本党忠诚的组织或非政府组织传达），也可以通过大众媒体向国内民众或整个世界传播。如果真有事实依据，"公共外交"（public diplomacy）一词就可以等同于"宣传"。如果信息基于弄虚作假，最好将其标记为"虚假信息"（disinformation）。

众所周知，宣传分析对于意图评估（即预警）来说具有潜在价值，但这项工作很难开展。在二战期间，宣传分析即使不能被认为是一门科学，至少也被视为一门艺术。当时，人们投入专门的力量去分析纳粹的声明，目的是寻找关于德国即将采取军事行动的征候等。

关于宣传本身、宣传与预警的关系，以及宣传对预警的价值等问题，存在两种比较普遍的误解。第一种是非常普遍的倾向，人们往往不信任或不承认敌人所说的一切，并斥之为"纯粹的宣传"，因此认为这是毫无意义的，甚至是完全错误的。这种贬低宣传有用性的倾向是一种最为糟糕的做法，因为历史档案可以表明，宣传的变化动态和具体的声明公告往往是关于意图的极其重要的征候。

第二种倾向几乎与第一种彻底相反，是期望能从宣传中获得过多的预警，也就是说，期望它是非常具体的，或是提供极其明确的证据来表明军事行动即将发生，甚至是关于时间和地点的具体预警。指望能从宣传中得到这种预警的人肯定会失望，而且他们可能会在失望之余据此得出结论，认为宣传提供不了预警，但事实上宣传提供了相当多的间接或不太具体的证据，可用来表明敌人可能会采取哪些行动。

以下是关于宣传有用性的一般性评论，它们都是根据众多危机中积累的经验得出的。我们在此讨论的是封闭社会通过被其控制的媒体进行的宣传，其数量和内容都是受到严格管制的，而且都是为了实现特定目标的。

1. 宣传可以反映该国的关切

宣传是一种非常有用的晴雨表，可以显示国家领导人对特定问题的关切程度。如果对某个特定问题或地区的宣传显著加强，通常确实可以反映出它是真正的关切所在，如果这种情况持续了一段时间，便更是如此。同理，如果对某个问题的宣传关注程度很低，通常表明该国对它的关切很少。然而，如果有意义的评论减少，可能意味着该问题太过重要，因此所有评论都被搁置，等待高层指示。最后，刻意忽视某个地区或问题的做法可能会被用来实施欺骗，而且通常是在相对较短的时间内实施欺骗。

2. 大多数宣传都是"真实的"

这里"真实的"使用的是相对意义，并不是绝对意义。我们的意思是，各国不会一直扭曲自己的目标和政策，特别是不会向本国人民这样做。如果发布完全虚假的声明或是具有误导性的指示，此种做法将会适得其反，并不会引起想要的响应。如果敌对行动即将到来，那么重要的是必须向民众灌输适当程度的针对敌人的仇恨或恐惧。但不能向民众提供关于局势的弥天大谎，因为领导人承担不起这样做的后果。

为了更好地阐释这一点，请看1965年至1966年美国的一场激烈争论。当时，北越向本国民众发布大量声明，呼吁民众大规模入伍，延长工作时间，做出更多牺牲，招募更多的妇女以便能将成千上万的男性送往"前线"，于是美国就这些声明的意义和重要性展开争论。美国情报界有部分人员拒绝承认这一切，斥责其是为了自身利益而进行的"纯粹的宣传"，不会认定这是北越准备向南越派遣大量军队的证据。当然，事实证明与之相反的论点才是正确的，相反的情况才是真相，也就是说，这种密集的内部灌输才是关于河内意图的真正晴雨表，而官方宣传言论，即南越境内没有北越军队的说法才是为了自身利益发布的虚假言论。拒绝相信这种内部宣传活动的做法才是最大的障碍，会让我们无法发现河内正在进行动员，将要在南越进行重大军事行动。

3. 官方权威声明极其重要

新闻界开展工作时需遵循一套既定规则，事实证明，这些规则多年来稳定如一。日常的例行事件会根据既定的指导原则处理；更重要的动向将由特定的评论员来撰写文章，有时甚至是高级官员化名出手；重大问题需要最高层发布权威或官方的声明。这些声明本身就很重要，而且因为它们为其他的宣传机器提出了"党的路线"，因此被忠实信徒奉为圭臬。必须对这些声明进行最仔细的研究和分析，而且当它们涉及战争或和平时，对预警来说更为重要。但这不一定意味着它们是易于解读的。我们来回顾一下1962年9月11日塔斯社发表的声明，当时我们并不知道它是古巴危机开始的起点，所以声明中的很多微妙之处并没有得到美国情报界的足够重视。

4. 宣传预警通常是间接的，不会是特定的

一般来说，上述声明正是关于军事行动的特定宣传预警，而且是我们可能会收到的东西。我们将会发现，如果不描述特定的军事准备，或是没有直接威胁以军事力量进行干预，很难做到比现在更加精确。在笔者记忆中，二战后没有哪个共产主义国家公开声明要动用正规军进行干预，即使这种行动已经迫在眉睫。北越从未承认其军队在南越的存在，直到1972年发动进攻后才松口，但只是默认，并没有明确承认；当然，苏联军队在

1956 年和 1968 年也都是"情势所迫"进入匈牙利和捷克斯洛伐克的。

（三）通过第三方发出政治预警

如果不重视中间方或第三方的作用，那么在面对能够为我们提供政治预警的动向时，任何讨论都将是不完整的。这既适用于它们被故意用作信息传递渠道的情况，也适用于它们在无意中或以其他方式泄露信息的情况。

如果故意使用这种方法，通常目的是安排讨论或谈判，但也可能是为了传达直接警告。更有用的做法是通过第三方以非故意或至少半故意的方式泄露。不言而喻，对于一项计划，如果参与的人员越多，特别是如果参与的国家越多，就越难保守秘密。

苏联将导弹运入古巴时，安全措施极其严密，人们认为苏联只通知了极少数外国共产党领导人，确切地说可能是在做出严厉的安全警告之后，只通知了华约国家领导人。这次冒险完全就是苏联的独角戏。反过来讲，为出兵捷克斯洛伐克所做的准备，需要五个国家之间开展高度的合作和规划，而且许多人即使不清楚其中的细节，也都了解这个计划的大致性质。

（四）评估外国领导人想法时，考虑该国的国内因素

事实证明，没有什么比真正了解外国领导人的性格、态度和倾向更令人难以捉摸。即使是那些与我们有着友好关系和众多文化接触的国家，也是如此。如果目标国家在本质上是敌对的，或者至少不是友好的，并且其领导人接受的是完全不同的传统或意识形态的教育时，误解他们的可能性就会急剧上升。在二战以来的共产党领导人中，赫鲁晓夫几乎算是最外向、最健谈、最愿意会见外国人的。如果我们因此觉得了解他，那么古巴导弹事件便会让我们打消这一念头。再者，勃列日涅夫在 1972 年 5 月与尼克松总统举行峰会之前，显然从未见过除了格斯·霍尔[1]以外的其他美国人。

---

[1] 格斯·霍尔（Gus Hall）是当时美国共产党领导人。——译注

有些国家的领导层讲究集体决策，这时通常我们无法了解他们在特定问题上的各自立场。尽管收到几份关于出兵捷克斯洛伐克的报告，但我们真的不知道苏联领导层在这个问题上是如何投票的。我们也不知道北越的哪位领导人在什么情况下喜欢使用何种战术，比如是长期的游击战，还是大规模常规进攻行动。关于武元甲[1]将军在不同时期对这个问题的真实想法，可能会从那些自诩专家的人员那里得到大相径庭的意见。因此，一般情况下，如果有人对潜在敌人的性格或态度妄加揣测，而我们据此对这个敌人进行猜测，那么这种做法风险极大。

如果领导层突然发生变动，结果是我们相对不太了解的人员掌握权力，那么难度就会加剧。斯大林去世带来了一段非常不确定的时期，当时我们曾有一段短暂的情报警戒期，以防新的苏联领导人可能采取某些敌对行动等突发状况。当然，事实证明情况正好相反。斯大林继任者的敌意和攻击性有所收敛，并很可能在不久后促成朝鲜停战的过程中发挥作用。在某些情况下，领导层变动是具有预警意义的，并且可以表明该国转而采取更具进攻性的政策，甚至可以表明其有发动敌对行动的明确意图。1941年10月日本政府的更迭是公认的关键动向，预示着日本将要采取更具进攻性的政策。日本成立新一届政府，军国主义者东条英机大将担任首相，此事引发了一系列事件，最终导致日本偷袭珍珠港。

（五）政变和其他政治突发事件

情报人员，特别是各个情报机构的负责人，已经习惯于因为不是自己负责的事情，以及正常情况下无法预测的事情而遭受指责。（情报部门犯下错误却未被发现或揭露的情况，勉强可以扳回一局。）对于情报专业人员来说，最让他们恼火的莫过于被指责未能预测出政变和暗杀了，因为他们有充分理由认为这些属于"不可抗力"，从某种程度上讲比龙卷

---

[1]　武元甲是当时北越军队的最高指挥官。——译注

风、雪崩和劫机更难预测。指望情报系统能够预料到这种行为的要求是荒谬的，也是非常不公平的，因为这种行为都是秘密策划的，有时还是由一人独立完成的。无论此种行为的后果有多严重，这种类型的预测工作都不在战略预警的范畴之内，事实上它根本就不在情报工作的范畴之内。在合理范围内，人们所能期望的最好结果是，情报系统可以承认在某些国家或局势中，这种行为如果出现，可能会引发骚乱、叛乱或其他有损我们利益的危机。但这是奢望，美国尝试预测城市骚乱的相关警方档案就可以证明这一点。

第5章
基于总体证据做出预警

在现实生活中，动向不是单独出现的，而是同时出现的。此外，如果事实上一个国家正在为敌对行动做准备，那么相应事件将或多或少地以某种合乎逻辑的方式相互产生联系。

一、政治因素和军事因素的相对权重

冒着将问题过于简单化的风险，我们可以指出某些普遍有效的原则。首先，如果目标没有任何重大军事准备，或是没有能力采取行动，那么仅有政治征候是不可信的，而且我们将其斥责为夸大其词或宣传的做法，基本上是错不了的。在1967年被以色列彻底击败之后的几年时间，埃及一再声称要收复领土，但如果并没有能在西奈击败以色列的实力，这种呼吁其实毫无分量可言。但我们必须谨记，这种宣传反映出的国家态度是非常重要的，而这种强烈的敌意将可能使军事准备（如果真有准备，或是当准备开始时）比在其他情况下更有意义，也更加危险，正如1973年埃及在西奈进攻以色列军队时人们看到的那样。

其次，如果走向另一个极端——没有征候显示国际局势出现政治危机或是恶化，仅有军事征候，那么这时往往也是不可信的。在这种情况下，我们倾向于把那些规模极大且极不寻常的军事活动视为某种演习或测试，而不是为初期军事行动所做的真正准备。以部分动员为例，这种情况在政治危机时期会引起严重的关切，但在政治平静时期，可能会被斥责为只是演习。在没有任何危机的情况下，即使是极不寻常并且有可能指向非常恶性结果的动向，也不会引起太大的恐慌；人们宁可将其视为报告中出现的某种过失或错误，因为事实上确实经常如此。虽然在危机当中，这种动向可能会被评估为高度恶性，其程度甚至远远超过事件本身的真实情况，但如果我们看不到正向的政治征候，可能就需要大量的异常军事动向，才能打破我们的自满情绪。虽然这在某种程度上是一种心理现象，但历史证明它是非常有效的。在战争爆发之初，通常会出现政治局势恶化的情况，或是出现能让某个国家更有可能决定发动军事行动的动向。

然而，要想在政治平静时期进行重大军事准备，同时不引起外界关注，这种准备活动的数量将是有限的。在现实生活中，我们很少看到政治和军事征候有完全不同步或彼此冲突的情况。每种征候都能帮助我们评估敌人可能采取的行动，但或许它们的助力程度有所不同。观察结果显示，在正常情况下，我们对政治征候的重视程度，往往会高于军事动向；这种情况可以反映出我们对敌人态度和意图的一般性判断，而且此种判断往往已被多年的经验证实。从本质上讲，这就是我们在国家层面所做的评估：认为敌人不会无缘无故地发动战争，并认为我们将会收到一些征候，表明在他们做出决策之前，局势就已经发生了变化。再者，一旦局势发生变化，并且政治氛围不断恶化，我们在处理危机局势时，可能会更加重视军事征候，将其作为我们判断敌人意图的最优指导原则。反过来说，这可以印证历史上曾经有效的两个原则：其一，政治征候可能是模糊不清的，甚至具有误导性，敌人试图迷惑或欺骗我们时更是如此；其二，敌人军事能力的异常集结，很可能成为我们判断敌人行动模式的最优指导原则，这一点已在书中多次提及。

二、区分关键事实与征候

> 经验匮乏的人员往往以为预警失误的原因是信息极度不足，但经验丰富的分析人员知道情况可能正好相反，即信息过多、报告过多、军事准备过多，另外"预警"也过多。

如果相关人员没有经历过真正的预警局势，通常会对可能收到信息的性质和数量抱有极大的误解，解读信息时也会遇到问题。经验匮乏的人员往往以为预警失误的原因是信息极度不足（我们没有收到预警），但经验丰富的分析人员知道情况可能正好相反，即信息过多、报告过多、军事准备过多，另外"预警"也过多。

任何政治和军事报告或征候，只要数量足够庞大，那么在判断敌人意图时，显然其中总有一些会比其他的更加重要。在前面的章节中，我们讨论了这种关键的事实和征候，特别是那种极不寻常的军事动向，因为它们只有在敌人为战争做准备时才会出现。

这些具有特别意义的准备应该被甄选出来，也应当得到应有的重视。问题不应该是"这可能是在为战争做准备"这么简单。在此类别中，可能会有很多动向。关键问题是：它有多么罕见？在和平时期，以及在那些没有导致冲突的危机中，这种情况发生的频率到底有多高？除了为战争做准备之外，这种情况出现的可能性有多大？如果答案显示有关键或几乎独有的征候正在出现，哪怕数量不多，那么目标国家正在为敌对行动做准备，并可能发起敌对行动的可能性也会大大增加。一个国家的军事力量越强大，经济越发达，发动战争时就越需要这种独有的准备。为核战争所做的准备涉及一系列前所未有的活动，其中一些可能永远不会被人发现，除非是专门为这种突发事件所做的准备。我们可以得出以下结论：

（一）所有指标都不模糊

"所有指标都是模糊的"之类漫不经心的言论，已对情报界和预警系统造成极大的伤害。这种言论的无知程度，与"我们可以判断敌人的能力，但不能判断敌人的意图"其实没什么不同。

有人认为只存在一个完全可靠的、明确无误的征候，只有它才能指示敌人发动进攻的意图，那就是及时获悉敌人所做的发动进攻的决策，以及（或者）下达的执行这项决策的命令，这种观点很可能是正确的。即使为发动战争所做的全部准备均已完成，所有军事征候都是"正向"的，而且即使原则上发动进攻的政治决策已经做出，敌国领导人也有可能改变主意，或是有可能在最后一刻发生了某个事件，令他们推迟或彻底取消行动。从这个意义上讲，我们可以说，除了获悉敌方决策或命令这一个例外，其他所有征候都会存在某种程度的疑点或不确定性，永远不能被视为关于意图的绝对确凿的证据。

很多军事征候本身并不是模糊不清的。也就是说，这些举措只是为了发动敌对行动所做的准备，事实上它们从未在和平时期出现过。它们并非"常规活动的简单重复"，而是与其截然不同。它们不会出现在演习中，也不会出现在动员演练或其他训练中（又或者仅会以极其有限的程度出现）。这些是真正可以用来区分战争与和平的动向。它们是执行战争计划的具体表现形式，包括：全国动员，全军进入全面战备状态，组建战时指挥部，向指挥官授予核武器使用权限，以及其他一些不那么激烈的类似措施。

还有一些较小的军事动向，虽然不一定表明即将发生敌对行动，但却是正向的征候，可以表明部队的战备等级和能力正在提高，或正在被部署至发动进攻的阵地。将这些措施称为"模糊"的做法极具误导性，因为军事措施本身并不是模糊不清的。它们不是演习，而是名副其实的真正措施，可以提高部队的作战能力，并让部队为某个特定行动做好准备。

（二）负向征候与隐瞒

在评估敌人的意图时，不但要注意敌人做了什么，还要注意敌人没做什么。如果我们能够确定敌人没有做出发动冲突所必需的某些准备，甚至没有做出可以降低战备的某些准备（比如允许老兵退伍），这将对我们的结论产生重大影响。在某些情况下，如果能够知道哪些情况没有发生，这本身就是最重要的因素。不幸的是，通常很难发现哪些事情没有发生。这种现象在军事和非军事领域的所有准备中都是极其明显的，因为这些准备或是不易辨别，或是涉及的公开活动相对少。另外还有其他准备，特别是那些涉及重大部署或改变正常军事活动模式的准备，往往可以让我们较有把握地做出判断，断定某些事情已经发生或没有发生。

因此，在汇编通常被称为"正向"征候和"负向"征候的清单时，应当非常谨慎地将真正的负向征候（我们预计在敌方行动前应当发生但没有发生的事情）与仅是不掌握信息的情况区分开来。在某些情况下，很大一部分看似负向的征候，最后被发现它们属于"不掌握信息"这个类别。如果遇到这种情况，或者搜集是足够充分的，我们还是能够以不同方式做出决策。但在许多其他情况下，我们能够有所发现的机会渺茫，有时甚至非常渺茫。我们必须小心谨慎，不能误导我们的用户，不能让他们误以为我们掌握的情况比实际多，而且有时我们必须非常明确地指出这一点。

如果获得证据的机会非常渺茫，征候或动态情报分析人员应当避免使用"我们没有收到证据"这样的说法，并且不应以任何方式暗示他所提供的信息，可以代表敌人的全盘计划。如果把我们无法判断的、在逻辑上可能发生或已经发生的事情列成一份清单，也许会有所帮助。至于情报用户,他们也必须切实了解征候情报和我们的搜集能力,以免他们把没有提交报告等同于没有情况发生。前线搜集人员还应当将报告工作安排妥当,以确保在危机情况下,当搜集人员提交"负向"报告或根本没有提交报告时,总部人员知道他已经搜集了哪些地区,甚至知道他可以搜集哪些地区。前线搜集人员的真正"负向征候"并不是没有电报(因为这时我们可以假设一切正常)发出,甚至不是"部队调动,无;动员,无"这样的报告。我们需要知道这位搜集人员及其同僚已经搜集了这个国家的哪些地区,以及是否已经侦察了任何新兵基地或后勤仓库,以确定这个"无"到底意味着什么。由此可知,精心汇编并报告真实的负向征候,可能正是全部证据工作中的最重要部分,因此也是针对敌人意图做出最终判断的重要依据。

(三) 紧迫性

不论是导致敌对行动的大多数危机,还是随之而来的准备措施,都会有一个显著特征——紧迫性(urgency)。有一种氛围会萦绕着真正的战前局势,使之有别于演习、武力展示,甚至政治施压策略。虽然很难定义这种氛围,或是很难准确解释是什么让它看起来如此"真实",但紧迫性必定是其中一项关键组成要素。这种感觉如同是在和时间赛跑,是事情在加速进行,也是压力正在增加……它可能通过各种不同的方式传递给我们。它通常会影响军事和政治活动,并在许多异常现象或征候中表现得非常明显,比如计划被改变,行程被缩短,演习被取消,宣传口径突然转向等。

只有在极罕见的情况下(通常是我们搜集力量最薄弱的情况下),我们才无法获得关于这种紧迫性的证据。如果敌人节奏舒缓,而且似乎没有完成活动的最后期限,那么我们通常就能做出正确判断,指出这是正在进行长期或逐步的能力集结,并不是为初期敌对行动所做的准备。例如,苏联在中国边境陈兵多年，但在出兵捷克斯洛伐克之前仓促调兵，二者的重要区别就在于前一次是一直没有紧迫性，而后一次是匆忙着手准备。

有一点需要注意。有些情况确实是预谋已久的蓄意攻击，比如1950年6月朝鲜进攻韩国就是一个重要的例证。在这些示例中，并没有关于紧迫性的证据，甚至完全没有关于危机的特定征候。如果一个国家的准备时间几乎是无限的，并且正在进行一场旨在欺瞒其对手的蓄意政治欺骗行动，可以成功地掩盖或压制一切关于紧迫性的征候，那就可以立于不败之地。在朝鲜进攻韩国的案例中，我们的搜集力量非常有限，这无疑是措手不及的主要原因；当袭击发生之时，我们甚至没有收到进攻可能发生的预警。

三、评估证据意义的一些指导原则

危机的特点是无比混乱，原始信息过多，处理时间过少，对分析人员的要求过多，等等。如果是关注此事并且知识渊博的分析人员，又有大量的时间可以去汇总和审查证据，提出自己的论点，核实事实，并修改自己的判断和结论，就好像准备《国家情报评估》时那样费心劳神，那就再好不过了。不幸的是，在预警中，时间往往不允许这样做，甚至不允许用一些不太耗时的方法将分析人员聚集在一起，让他们讨论材料并就其意义交换意见。

在这种情况下，如果可以提出一些相对简单的指导原则，去帮助评估证据和敌人意图，那么分析人员和用户都能从中获益。我们首先假定敌人的行为是理性的，他在实现目标的过程中，会遵循某些合乎逻辑且相对连贯的行动模式。尽管情况并非总是如此（国家和个人的行为有时是非理性的和不连贯的），但在假定某个国家领导人的行为是非理性的之前，最好还是先对这个国家的行为进行逻辑分析。其结果是，我们还要假定对于这些领导人来说，战争本身并不是目的，只要有机会通过战争以外的手段实现目标，他们就不会诉诸敌对行动。由此，我们先探讨以下五个问题，因为它们可以帮我们厘清思路，判断敌人正在采取哪些行动。这些问题具体如下：

1. 无论对方国家的既定目标到底是什么，其领导人是否致力于实现这个目标？它是否为该国的优先事项，是其领导人决心要完成的事情？

2. 从某种程度上讲，如果借用军事手段，这个目标是否可能实现，又或者局势是否可能得到缓解？

3. 该国的军事能力是否已经具备，又或者是否正在集结，但其程度足以马上采取军事行动并可能取得胜利？换个直白的说法，该国军队集结的规模是否已经达到其军事理论中足以发动进攻行动的标准？

4. 在实现目标方面，除军事手段外，该国是否已经用尽所有合理选项，又或者是否看起来不太可能取得胜利？换个更简单的说法，该国的政治选项已经用尽了吗？

5. 该国面临的风险系数是否较低，或者至少是其可以承受的？

如果所有问题的答案都是确定的"是"，那么从逻辑上讲，这个国家采取军事行动的可能性很高。如果其中任何一个问题的答案是"否"，那么该国现在诉诸军事行动的可能性就会很小，甚至极小；当然，情况可能发生变化。如果两三个答案都是"否"，从逻辑上讲该国采取军事行动的可能性就会一路骤降，并在四个或所有答案都是否定时，降至极不可能的程度。

运用这些指导原则分析现实世界的危机，可以生成较为有趣的结果：

- 对于苏联出兵捷克斯洛伐克，五个问题的答案都是"是"，尽管有些人坚持认为，到 1968 年 8 月 20 日，苏联的政治选项并没有完全用尽，但一系列的政治措施未能控制住局势，而且几乎没有理由相信加大政治压力的做法可以奏效。

- 对于 1967 年 6 月的阿以冲突，从以色列的角度来看，这五个问题的答案都是"是"，尽管可能没有 1968 年苏联的答案那么明确或直接。也就是说，风险系数看似较高；关于政治解决方案是否用尽一事，或许也有些不太确定。

- 对于埃及来说，在 1973 年 10 月战争之前几年，出现了一个有趣的问题。关于埃及是否希望收复在 1967 年战争中被以色列夺走领土的问题，第一和第二个问题的答案始终都是毫无疑义的"是"，第四个问题的答案也是"是"（从现实的角度来看）。然而，埃及对以色列发动大规模进攻的可能性似乎大幅下降，因为人们普遍认为（特别是以色列人认为）埃及并不具备成功开展军事行动的能力，另外也认为如果埃及贸然开战，将面临很高的风险。从很大程度上讲，以色列的评估是正确的，因为埃及确实不具备击败以色列的能力。埃及之所以躲过了此次冲突带来的灾难，只是因为以色列的反击被叫停了，而这主要是超级大国外交干预的结果。以色列和美国都没有意识到，萨达特（正确地）做出估计，认为埃及的进攻即使在军事上没有成功，也会达成其所谋求的政治结果。此外，以色列认为埃及军队无法横渡苏伊士运河，当然这个判断是错误的。可以说，以色列对埃及的军事能力做出了不彻底但非常重要的误判。

由于 1962 年苏联在古巴的行动具有不同的性质（显然，苏联从未打算为古巴开战），上述问题没法全部适用于古巴导弹危机。然而，如果使用这些问题来做出判断的话，答案不会是肯定的"是"，因为"是"这个答案的意思是，苏联的行动在逻辑上是可以预测的，又或者与苏联以往的行为是一致的。特别是，从我们的立场和事实来看，风险系数非常高，因此，苏联的行动只能被解读为严重误判了美国可能做出的反应。

因此，这些问题虽然可以作为检验证据意义的逻辑起点，但并不是评估意图时万无一失的指导原则。因为敌人行动不一定合乎逻辑的情况也会出现：即使五个问题中有一个或多个问题的答案是"否"，敌人也会诉诸军事行动。出于各种原因，比如错估了敌人的实力或反应、高估了自己的实力、士气低落、国内压力、爱国主义的歇斯底里、报复、愤怒，或只是纯粹的绝望，敌国领导人可能会决定采取轻率甚至灾难性的军事行动模式——尽管这显然是不符合其国家利益的。

也许大多数冲突都是在其他解决方案失败之后，在绝望之下采取的最后行动。在许多情况下，军事行动的发起者仍会遵循理性和连贯的行动模式，而且是在经过适当的深思熟虑之后，在其他所有选项最终无果的情况下，才决定将军事行动作为实现理想结果的唯一方法。军事解决方案本身并不是非理性行为，特别是在可能成功解决问题的情况下。例如，苏联出兵捷克斯洛伐克是一种经过深思熟虑、精心策划、冷静理性、完全合乎逻辑的行动模式；尽管存在政治（而非军事）风险，但从苏联的角度来看，这些风险远不及放任捷克斯洛伐克脱离共产主义阵营控制来得严重。

在断定其他国家发动战争的做法是"非理性"行为之前，我们应该仔细审查自己的态度，并确保我们不会因为没有充分理解其他国家的强烈感受，或只是反对将战争作为推行国家政策的工具，便将这种行为斥为不合逻辑。笔者相信，如果能以系统化的方式应用上述手段，往往可以产生正向和正确的结果。至少，这种方法可以帮助我们从整体上客观地思考证据，还可以帮助我们尽可能避免用自己的观点去代替敌人的观点。

仍会有一些情况是不合逻辑的，并不符合理性行动的客观标准，比如1962年古巴危机就是如此。当然，正是这种无法估量的情况才使得预警变得非常复杂。我们必须考虑到风险系数很高的情况，或是军事行动不太可能解决问题，甚至可能会自取灭亡的情况。如果有充分的理由怀疑目标国家领导人的行为是非理性的，那么只需将第一和第三个问题稍加修改，便成为这种情况下最重要的两个问题：

1. 敌国领导人是否下定决心，务必实现既定目标，又或者极其执着于相关问题，因此在努力实现目标时，就会采取不合逻辑的行动？
2. 即使行动成功的可能性令人怀疑，敌人是否仍在尽可能最大限度地集结军事力量，以求实施这一行动？

四、重建敌人的决策流程

如果预警分析的最终目标是了解敌人将要采取哪些行动，那么掌握或认定敌人已经决定采取某项行动就是预警的终极成就。每个间谍机构的最高目标都是打入敌人决策机器的内部，比如利用在会议室里隐藏的麦克风，或是可以获取会议记录的间谍。像这样打入内部的目的是确定或大致确定敌人的意图，另外此举还会让来自次要或二手来源的大量信息变得过剩，无论这些信息本身具有多高的价值。

由于最不可能打入敌人最高委员会的内部（或者如果可以打入内部，也是极易暴露的），我们必须努力去做次优的事情。我们应当寻找相关的来源和信息，以便最准确地推导敌人已经做出的决策是什么，或是推断出敌人的目标和计划是什么。在实践中，出现危机或预警，将意味着我们必须审查所有可用证据，以尝试了解这些证据如果逐条单独使用和整体综合使用，分别可以告诉我们关于敌人决策的哪些情况。

显然，这是一个高度复杂而且非常棘手的分析难题。另外，它也是预警问题中最具争议的一项内容，因为在现实中，人们在这个问题上的意见分歧往往是最大的。此外，分析人员或政策制定者在重建敌人决策流程时，应当遵循某种逻辑流程，但看起来几乎没有指导原则可以在这方面提供帮助。在面对危机的压力时，由于可能有所帮助的经验或业已商定的"规则"极少，情报界往往会无视这个问题的存在。在分析流程中最应当优先考虑的事情，就是尝试在敌人做何决策这个问题上做出判断，但它往往会被搁置一边，让位于对正在发生的事件进行简单的事实报告——显然后者难度更低，争议也更少。更加常见的情况是，人们只有在危机解决之后，才会尝试去重建另一个国家的决策和规划流程，但这只会使之成为又一项回顾性分析或历史分析，无法帮助我们预测将要发生的事情。我们可以生成一些非常出色的事后分析报告，这说明我们非常善于通过推理手段，对政策制定流程开展分析。此类研究几乎总是会挖掘出当时没有考虑到的信息，但它们几乎总是太晚完成，因此无法帮助分析当前危机，也因此对我方政策制定者没有什么帮助。

显然，如果有某种方法可以在当前这个时间节点，帮助我们处理预警中这个难以捉摸但非常关键、有时甚至是决定性的因素，将是非常有用的。但如果认为本节接下来的部分将会提供答案，或是某种简单并且万无一失的方法，那就太过冒昧了。下文的目的是帮助分析人员提出正确的问题，并指出这个问题中一些原本更加一目了然却经常被人忽视的地方。

决策分析的一些基本指导原则

1. 行动源于决策，并非决策源于行动

从表面上看，这似乎是老生常谈，而且几乎是在侮辱读者的智商。但经验表明，危机中的人们往往并不明白这个基本原则。在一个又一个案例中，人们总是想要预测敌人未来将要做出的决策，但事实上这些决策早就已做出。人们得出的印象是敌人极度困惑，一直举棋不定，做事完全没有计划。因此，即使是大规模的军事力量部署，也可能被轻描淡写地一笔带过："如果敌人决定这样做，部署这些部队必将极大增强他们发动进攻的能力。"

上面那句话不仅没有道理，反而是彻头彻尾的误导。它的意思或是部队的调动是毫无计划的，或是敌人还不知道应当如何使用这些部队，或是毫无理由便开始启动重大行动，或是敌人打算以后再做决定。不管这些表述的编纂人员是否真的明白自己在做什么，但他可能是想通过这种方法来避免思考问题或是做出任何决定。无论以后发生什么，这句话都会帮助他"立于不败之地"。它是否可以帮助我方政策制定者也"立于不败之地"？那就是另外一回事了，因为这种安抚性措辞的效果可能是让他放心，让他觉得还有很多时间，所以没有什么好惊慌的。我方政策制定者甚至可以推断认为，如果敌人做出决策，情报系统就会知道并向自己通报。

国家层面开展的所有非常规或异常的行动，都是基于某种决策展开的。它们不会凭空发生。军事和政治行动都是如此。如果有异常事件发生，特别是那些可以增强敌人采取军事行动能力的事件或其他潜在恶性事情发生时，分析人员应该提出这样的问题：它提醒的是关于敌人计划的哪些情况？是什么促使敌人这样做的？敌人做出何种决策，才能解释这样的行动？分析人员不应该说我们正在等待敌人做出决策。通常来说，这时较为有用的做法是尝试回顾过去，看看在过去发生的事件当中，哪些可以导致当前动向出现，或是哪些可以表明大量动向之间是存在联系的。

2. 发现或估计决策时间

敌人做出的重大国家决策，有时甚至是次要的决策，可能都会导致其在各个不同地区开展行动；反过来，因为所有这些行动都源自同一来源或原因，所以是相互关联的。它们是为实现相同的目的，又或者是相互补充的。如果这项决策涉及敌对行动或为可能敌对行动所做的准备，那么随后总会出现一系列明显异于正常情况的军事和政治行动。在某些情况下，只需要稍作回溯或开展回顾性分析就可以看出，这些行动很可能是国家领导人、军事领导人或其他人员在不久前举行的某次公开会议上决定实施的。如果出现突发的意外动向并导致危机，而且随后的种种动向显然是此事引起的，情况就更是如此。在这种情况下，人们应当不难发现某种决策正在做出，以及它是何时做出的。然而，如果没有突发并且明显的紧急情况，那么在封闭社会中，重大决策的性质和做出时间往往会被掩盖，有时在自由社会中也会如此。因此，可能还需要一段时间，才会出现可以表明已经做出新决策的征候，遑论关于决策做出时间或决策具体内容的征候。分析人员往往不得不在非常碎片化的数据中开展工作，力求重建迄今为止已经发生的事情，并试图确定对手是在何时决定发起行动的。何须如此大费周章？

之所以颇费周折，是因为我们需要从首批异常现象变得明显那天开始，按时间顺序重述事件或动向，这样做不但可以帮助确定敌人做出决策的时间，还有助于确定其所做出决策的性质。计划中各个事件之间的相互关系开始变得明朗；如果它们可以追溯到同一天，那它们就不再是孤立并且无法解释的异常现象了。只有根据首次观察到它们发生的日期（而不是被报告的日期）对其进行汇总，分析人员才能认识到它们之间可能的关系，并怀疑许多或是全部此类异常现象背后，可能隐藏着一些共同的先前决策。再次重申，应当找出那些看似偶然的情报，并将它们制成年表，因为这种做法的价值是显而易见的。只有这样做，才会有人想要追问秘密决策的可能做出时间，或是分析人员才能开始将这些情报碎片拼凑在一起。一旦发现（可能只有在开展细致的研究之后才会发现）宣传口径发生转变、预备役人员首次秘密动员，以及为可能冲突所做的各种其他准备等情况是同时发生的，我们才能看出那些初期决策的可能影响范围及其重要性。

3. 判断敌人是否正在做出关键决策

要想知道敌人打算做什么，最重要的是看他是否正在做出新的重大决策。也就是说，即使我们没有证据证实这些决策的性质，但如果我们对敌人关切的事项，以及当时某个特定问题是否优先处理等情况已经有所了解，那么就可以较为深入地了解敌人的意图。此事往往并不像表面看起来那么难以判定，但它显然取决于敌人选择公布哪些关切事项，或是取决于我们是否有能力搜集到关于政治动向以及领导人的活动和态度的信息。

与许多人以为的情况相反，如果国家领导人高度重视某个特定问题和决策，那么这种情况通常根本不是秘密。举一个显而易见的例子。1968年夏，当时非常明显的情况是：苏联领导人正被如何处理捷克斯洛伐克的问题所困扰，因为这对他们来说至关重要。很明显，苏联领导人正在就捷克斯洛伐克做出某种决策，但分析人员无法就这项决策的具体内容达成一致意见。由此可知，之所以我们能够感知这场危机，部分原因是我们发现从苏联的角度来看，捷克斯洛伐克就是他们整个夏季的全部工作重心。

4. 应急决策、过渡决策和最终决策

所有分析人员都应警惕决策流程过于简单化的陷阱，因为这是最常见的错误之一。关键的国家决策通常涉及一系列的举措，包括遭遇紧急情况时采取某些措施的初步决策，随后开展进一步准备工作和打算在必须采取军事行动时"追加赌注"的后续决策，以及继续实施行动的准最终决策和最终决策。还有一种情况是，敌人发起行动只是为了施压，或是试图通过武力威胁进行吓阻，其实无意坚持到底。

需要强调的是，一个国家可能会就自己坚决想要实现的目标做出准最终或最终决策，但也会就为实现该目标而可能尝试的各种手段做出一系列决策。通常情况下，这些决策是在政治和军事方面施压的战术，因为只有在其他措施全都失败的情况下，敌人才会全力以赴地使用武力。这种情况下，哪怕一个国家的领导人看起来是优柔寡断的（因为尝试了一系列措施），他心中也是有明确目标的，并且一直想要实现这个目标。

近年来，我们听到很多关于选项的说法，"保留选择权"（keep his options open）已经成为一个流行术语，用来描述国家可能采取的各种初期措施或应急准备，大概是在该国尚未决定最终将要采取哪种行动模式的时候。事实上，这个术语强烈暗示了"决策已被推迟"；此外一个国家的选项越多，它的处境就会越好，可以推迟做出关键决策的时间也就越长。最好不要过度依赖这种想法，因为它会导致分析者走向陈词滥调式的推理，而在这种推理流程中，关于所有军事行动的准备，无论指向多么恶性的情况，都会被斥责是不确定的，只能表明敌人没有做出决策。重要的问题是"剩下什么选项"和"此行动是否表明敌人现在认为选项越来越少，政治解决的机会也越来越渺茫"。许多人似乎都无法或不愿进行这种类型的分析，并会一次又一次地宣称，我们不可能判断出敌人的意图或决策，因为敌人"保留选择权"。

读者不妨回头参阅上文提出的五个问题，以此作为解读一个国家行动模式的基本指导原则。它们也是决策流程中的关键因素。如果第一个问题（即前提）被判定为正向的，即对方国家领导人下定决心，务必实现既定目标，那么它就是这个或众多决策背后的关键因素。只有当其他因素有效地阻止或禁止该国实现这一目标时，它才会迫于威慑，放弃可以实现其目标的行动模式。它使用的某些手段（我们称为选项），在最初阶段可能确实是紧急措施或预先准备的措施，以防出现其他更加理想的选项失败或被事实证明不可行的情况，但其所使用的这些"选项"其实是可以达成目的的，并非仅仅为了能有"更多选项"，以及因此可以推迟做出决策。事实上，国家领导人为实现目标而制定或尝试选项的数量，可以用来大致衡量他们对实现目标的重视程度。这个观点适用于1968年捷克斯洛伐克事件：苏联在出兵前尝试用了太多的手段去控制局势，这个事实本身表明了苏联对此项意图的重视程度，并让"如果其他选项全部失败，最终将会使用军事选项"的可能性变得更高。

5. 政治决策与军事决策的相互作用

要想处理决策问题，还有一个过分简单化而且使用频率高到令人惊讶的方法，那就是假定政治和军事决策是由不同群体做出的，并在某种程度上彼此没有关联。一方面，政治领导人是否正在做出政治决策？另一方面，军事领导人正在进行军事演习、开展动员、部署军队等的时候，是否几乎无视政治局势，只顾自行其是？这是极其错误的，至少在国家领导人可对军队实施有效指挥和控制的国家里是非常错误的，而在政治领导人垄断决策流程、军方几乎不做任何决策的国家里更是错到离谱。

由此可知，军事决策与政治决策是相互关联的，是同一流程中的不同组成部分，采取军事措施并尽可能择机实施这些措施，都是为了实现特定的政治目标。不应孤立地看待这些问题，或认为它们与政治目标无关。如果孤立地考虑这些问题，不但会误解开展军事行动的原因，更重要的是无法感知敌人的战略目标，以及为实现该目标可能采用的各种手段之间的相互关系。

第6章
突袭与时机

关于预警有一个最为普遍的误解，认为在进攻时刻迫近之际，将会出现更多更加有力的证据，表明敌人的行动可能发生，以及迫在眉睫。由此，人们自然会认为情报部门可以更好地在短期内发出预警，而且可以在进攻前的几个小时或最多几天内，发布最明确和最正向的预警判断。此外，因为已经假定将会出现越来越多的证据，表明对手正在为进攻做最后一刻的准备，所以这个观点认为情报部门即使无法估计出进攻的确切时间，也有能力估计出大概时间。因此，如果我们能够判断出敌人可能发动进攻，就能知道它将在何时到来。这种关于预警的观点可以用来判断敌人的进攻是否迫在眉睫，并且多年来一直影响着美国对这个问题的思考。

对许多案例进行分析的经验表明，实际情况刚好与之相反，可以表明进攻将至的征候会越来越少，甚至在敌人进行准备时征候将会明显停滞。这将具有极大的欺骗性，即使对于那些从经验中知道在这种情况下不能放松警惕的人员来说也是如此。如果有人不懂这个道理，很可能会对敌人发动行动的时间（甚至对行动将会发生一事）感到彻底的意外。他们可能会因为搜集失误而感到委屈，也会倾向于认为情报"失误"的补救办法是加速搜集和报告流程，并没有意识到提前开展搜集和分析才是更加重要的，也没有意识到关于进攻可能性的判断原本可以更早做出，而不应该依赖搜集会出现突破，因为这是高度不确定的事情，可能到最后一刻才会出现。

一、时机与突袭中的主要因素

几乎所有的国家，除了在不利或异常情况下，都会展示自己有能力在战争中实现战术突袭。敌人也会对我方进攻的时间、强度或地点感到措手不及，即使已经料到此次进攻或认为它可能发生时也是如此——纵观历史，这样的例子比比皆是。相比封闭社会，即使是安全措施非常松懈的民主国家，在隐瞒行动细节（包括时间）方面也常常可以取得惊人的成功。举一个最明显的例子：在历史上最伟大的军事行动中，我们也可以在战术层面实现突袭——尽管敌人已经完全预料到这项行动，并可能提前好几个小时就收到战术预警，表明有大规模进攻部队正在逼近。在诺曼底登陆中，欺骗发挥了极其重要的作用。

然而，并非只有通过欺骗才能频繁地实现战术突袭，以及隐瞒为进攻所做的最后一刻准备。还有一个更重要、更常见的原因，那就是对我们来说，最明显、最易于辨别的关于进攻的征候，是大规模的部队部署和后勤准备，因为这些往往在进攻发生之前几周甚至几个月就已经开始了。一旦准备工作完成，或接近完成，敌人基本上就有能力在所选定的时间发动进攻；另外，在进攻之前必须完成的额外准备，对我们来说却是不太可能辨别出来的，或在本质上是模糊不清的。召开参谋会议、视察部队、发放基数弹药和其他补给，以及发动进攻的最终命令等措施，几乎都不需要开展公开活动，除非通过极其精细的搜集和快速报告（比如在敌人总部身居高位的特工可以使用某种快速通信手段，或者一名掌握情况的叛逃者偶然到来），否则不太可能被人发现。

即使是将大规模地面部队最后部署至将要发动进攻的阵地，大多数国家也会采取可以保障战术突袭的措施，比如严格保障通信安全和在夜间开展行动，从而成功地隐瞒这方面的调动。因此，大规模部署部队和装备的情况几乎无法彻底隐瞒，但短期准备还是很有可能隐瞒的，而且往往确实如此。另外，即使被人发现，但因为进攻已然迫在眉睫，所以往往基本没有时间让部队做出警戒或重新部署部队，遑论国家层面发布预警判断了。对于前线指挥官来说，这种战术预警通常是作战行动层面的东西。提前十分钟甚至三个小时做出的预警实在太急促，不够政治领导人用来做出新的决策并付诸实施。

估计进攻时间时，很难确定敌人的准备实际上是在何时完成的，以及敌人何时自认为军事力量准备已经就绪。我们在其他章节已经指出，对后勤准备问题做出这方面的判断更是困难。事实上，笔者回顾自己的经验，并不记得哪次是明确判断出敌人为进攻所做的后勤准备确实已经完成的；尤其值得一提的是，即使发动进攻之后，往往大量补给运输活动仍在不间断地继续进行。情报部门在判断所有军事准备时，往往都倾向于认为完成时间早于实际情况，出现这种差异通常是因为大规模并且最明显的部队部署显然都已经完成。因此，即使情报部门对敌人的意图做出正确的判断，有时也会在将进攻的可能时间估计得过于提前。

此外，敌方指挥部出于各种原因，可能不会在部队充分准备后立即发动进攻，也可能会调整已经确定好的进攻日期。一位研究人员汇总了未能遵守进攻发起日约定的数据，以及这种情况对敌人判断的影响。他一共分析了 162 个拟定进攻发起日的案例，其中几乎一半（大约 44%）推迟，大约 5% 提前，只有略多于一半（约 51%）如期实施。推迟的最常见原因是天气和管理问题，想必是为了完成所有准备活动，或是让这些活动得以同步。有些进攻不得不一再推迟。比如，德军在 1916 年 2 月 21 日发动的凡尔登攻势，就因为恶劣天气推迟了不下 9 次。[1]

在作战计划的所有方面，最容易修改和最灵活的可能就是时间安排。部队在进入进攻阵地之后，进攻命令通常最多提前几个小时就必须下达，但即使是重大军事行动的推迟也很少会给指挥官带来很大困难。进攻被推迟或提前的原因，仅仅是有理由相信敌人已经知道了预定的进攻日期。显然，最简单的欺骗诡计就是向敌方情报部门提供关于作战行动日期的虚假信息。

除了常规战备、战术因素和突袭等方面的原因之外，推迟作战行动还可以是出于军事学说方面的理由，即诱敌深入，从而拉长他们的通信线路，或是将他们引至陷阱中，再将其包围和歼灭。推迟反攻的目的是将敌军吸引到难以坚守的前沿阵地，这种战术的破坏效果是极其惊人的。

政治因素也可能在作战行动发起时间上发挥重大影响，甚至可以是决定性的影响。如果目标国家的意图是仅把军事行动作为最后手段，并希望借用这种威胁，诱使对手投降（通常都是这样），那么政治因素的作用将更为明显。显然，国家领导人认为政治选项已经用尽，只有动用武力才能取得成功，而这种判断正是可以左右军事行动发起时间的决定性因素。在这种情况下，作战行动可能会推迟几周的时间，远远晚于军事准备完成的日期，另外对进攻发起时间所做的评估，几乎完全取决于对政治局势的了解程度，以及对敌人决策流程的认识深度。

另一个影响进攻发起时间的政治变量是，一个国家试图诱使另一个国家率先开展大型进攻，使之看起来像是主动发动侵略的一方。在这种情况下，随着冲突逐渐升级，将会出现一系列的骚扰、越境活动和种种让人难以察觉的战术举措，直到一方或另一方决定公然发动进攻才会告一段落。

---

[1]　Barton Whaley, *Stratagem: Deception and Surprise in War* (Cambridge, MA: Massachusetts Institute of Technology, Center for International Studies, April 1969), unpublished manuscript, 177-178, A69.

显然，这种进攻的发生时间将是很难预测的。

众所周知，许多进攻都是在黎明时分发动的，原因有二：第一，夜色可以掩盖进攻部队的最后部署；第二，黎明前那几个小时才是开展作战行动的理想时间。一些进攻方明显更加偏爱在夜深人静时发动进攻。北越和越共部队尤其如此，他们显然非常擅长在夜间开展穿插和突击行动。苏联也经常在黎明前的几小时里，发动进攻或其他作战行动：控制匈牙利"十月事件"的行动就是在午夜至凌晨 3 时 30 分之间发动的；柏林地区的东西分界在凌晨 3 时左右被关闭；出兵捷克斯洛伐克的行动也是在午夜将至时发动的。

二、关于估计进攻时间的范例

在军事领域的历史著作中，讨论进攻发起时间的可谓汗牛充栋。以下案例确实极具代表性，而且未被选为异常示例。

（一）1940 年 5 月，德国进攻荷兰、比利时和法国

1940 年 5 月，希特勒终于对西欧发动进攻，这时二战已经进行了 8 个月。因开辟西线战场一事拖延太久，"假战"（phony war）一词诞生了。最终遭到进攻的 3 个目标国都曾收到大量重复的预警。事实上，从很大程度上讲，正是预警过剩才导致他们在收到最终预警后不愿相信。"狼来了"现象在这里演绎得淋漓尽致——据说希特勒已经 29 次推迟了对西线的进攻，而且经常是在最后一刻才决定推迟的。

由于荷兰拥有当时职位最高的情报线人，从希特勒选择的第一个日期——1939 年 11 月 12 日，到最后一个日期——1940 年 5 月 10 日，此人正确地向荷兰通报了几乎每一次的进攻计划。荷兰的这位线人是德国反情报局副局长汉斯·奥斯特（Hans Oster）上校，此人定期向荷兰驻柏林武

官通报希特勒的计划及计划延期情况。虽然最后奥斯特提前一周便提供了德国将于 5 月 10 日发动进攻的预警，而且还有许多其他证据表明德军攻势将至，但荷兰却无视这些预警，甚至没有在德国发动进攻前让本国军队开始警戒。比利时对收到的无数预警更加谨慎小心，也确实让本国军队进入全面警戒状态。法国也收到过几次关于德国进攻的假警报，所以似乎也无视本国情报部门在 5 月初的反复预警（他们在 5 月 9 日笃定指出，进攻将在次日发生）。这些例子明确阐释了预警的两个基本原则：一是"更多的事实"和最好的来源不一定可以生成预警，二是除非据此采取行动，否则情报预警是无用的。

（二）1945 年 8 月，苏联进攻日本关东军

这是二战中鲜有问津的战例，但它可以明确展示出战略预警与战术预警之间的区别。从 1944 年 12 月到 1945 年 7 月，日本持续关注苏军在远东的集结情况，并正确地判断出苏联将要进攻位于中国东北的日本关东军。他们还在 7 月得出结论，认为苏联部队和后勤集结已经达到较高水平，足以令苏联做好准备，在 8 月 1 日之后随时发动进攻。尽管这种预判无疑会让中国东北日军保持高度警戒，但关东军并没有在 8 月 8 日至 9 日那个午夜时分，在苏联发动进攻的前一刻，收到关于进攻发动时间的紧急预警。

（三）1950 年 6 月，朝鲜进攻韩国

这是诠释战略突袭和战术突袭的重要示例，也是 20 世纪为数不多的真正可被称为突然袭击的作战行动之一。无论是美国情报部门（至少官方是承认此事的），还是政策和指挥层面，都没有预料到这次进攻，所以美国没有为此进行任何军事准备。尽管许多韩国人此前都曾担心会发生这种进攻，但他们自己没有做好准备，也没有通知韩国军队保持警戒。由于

没有战略预警，朝鲜军队的短期最终准备（在被发现之后）被错误解读为"演习"，并没有被认为是真正的战斗部署。从很大程度上看，预警失误可以归因于针对朝鲜所做的搜集是不充分的，但反过来看，之所以没有分配更多搜集力量，主要是因为并不相信进攻将会发生。此外，"狼来了"现象在一定程度上已经令美国情报界习以为常了；在至少一年的时间里，他们大约每个月都会收到一份报告，声称朝鲜将在某个日期发动进攻。6月份又收到一份报告，它并不比之前几份更加可信；鉴于这些报告的可靠性和来源都不确定，没有任何理由给予它更多的重视。虽然我们永远无法知道真相，但这些报告中的大部分或是全部，可能根本就是朝鲜或苏联情报部门主动提供的。这次进攻就是一个非常重要的示例，表明想要正确解读短期战术情报，就必须事先正确评估进攻发生的可能性。

（四）1967年6月，阿以六日战争

有许多征候表明这场冲突即将来临。5月22日，埃及总统纳赛尔对以色列船只关闭亚喀巴湾，此后紧张局势便持续加剧，人们都认为将会爆发战争。双方开展动员，并采取了许多其他军事准备措施。在6月1日之前，美国情报部门公开表示，以色列有能力并已做好准备，可以在几乎没有或完全没有预警的情况下，发动先发制人的进攻并取得成功，并且表示没有征候表明阿拉伯联合共和国[1]计划主动采取军事措施。"阿联"对以色列的进攻感到意外，但我们并没有。美国情报部门对以色列发动进攻的可能性，以及进攻很可能取得成功等情况所做的预测都非常准确，但我们并不知道这次行动的确切发动时间和战术。

以色列将严格的安全措施（没有泄露所做决策或最终军事准备）与精

---

[1] 阿拉伯联合共和国（UAR，简称"阿联"）是埃及与叙利亚于1958年2月1日组成的邦联制国家，也门于1958年3月8日加入。后来叙利亚和也门先后退出，但埃及将这个名号一直保留到1972年。——译注

心策划并且行之有效的欺骗行动结合起来，让"阿联"无法了解他们的计划。欺骗计划包含多项措施，其中之一是诱使埃及相信，如果进攻真的发生，目标将是西奈半岛的南部而不是北部。此外，他们在进攻发生之前的几天内采取多项措施，以制造进攻并非迫在眉睫的假象。具体措施包括：第一，新被任命的国防部长摩西·达扬（Moshe Dayan）公开发表声明，称以色列目前将依靠外交手段；第二，在6月3日至4日的周末，批准数千名以色列士兵放假；第三，公开宣布同步举行的以色列内阁会议只讨论日常事务等。

此外，按照计划，进攻将于当天早晨的一个小时内实施，因为当时大多数埃及官员正在上班路上，而且埃及空军司令也乘坐飞机进行例行的晨间前线视察。然而，在以色列作战行动中，最令人意外的地方不在于进攻真的发生了，甚至不在于发动的时机，而在于几乎全歼了埃及空军停放在地面的飞机。此役成功的原因，一方面是以色列出色地规划了作战行动，以及飞行员一丝不苟地执行了这些计划；另一方面是埃及军方领导人颟顸无能，未能针对这种进攻的可能性做好准备，也未能以分散或其他方式保护至少部分空军力量。（尤其值得强调的是，曾向纳赛尔提供了一些情报援助的苏联，似乎也和埃及一样感到意外。此役的结果之一是，苏联迅速着手采取措施，设法减少本国空军在遭受突然袭击时无力防范的情况，包括大量修建独立机库来保护飞机。）

（五）1968年8月20日至21日，苏联出兵捷克斯洛伐克

显然，我们当时对苏联决策流程的看法，极大地影响了我们对于为什么进攻（如果确实发动的话）会在这个时间，而不是早些或迟些发动的判断。此外，因为我们对苏联领导人决策的了解虽然很多，但仍不全面，所以我们仍然不太确定为什么进攻是在8月20日开始的，而不是当月更早的时候，又或者为什么苏联没有像许多人以为的那样，

等待原定于 9 月初举行的捷克斯洛伐克共产党代表大会的结果出来以后再作打算。

然而，无论我们此刻的看法究竟如何，苏联出兵捷克斯洛伐克的事件，确实可以用来诠释我们在尝试评估军事行动发动时间时面临的一些陷阱。首先，虽然当时苏联的部署似乎基本完成，美国情报部门也得出结论，认为苏军处于高度战备状态，可以实施进攻，但我们在进行事后回顾时，并不确定苏联是否已在 8 月 1 日左右完全做好进攻准备。我们确实掌握的情况是，此后的后勤活动继续保持较高水平，而且所谓的后勤"演习"直到 8 月 10 日才宣布结束。此后，其他军事准备工作仍在继续，包括最高统帅部赴前线视察部队，因为苏联军事规划人员办事一丝不苟，很希望在每次进攻前完成这些工作。事实上，仅凭军事方面的证据（政治证据不太具有说服力），就有可能宣称苏联军方一直是把进攻的时间定在 8 月 20 日，并指出我们认为苏联处于高度戒备状态，可以在 8 月 1 日开展行动的评估是错误的。

也有人宣称，军事因素可以使政治领导人选定的进攻时间提前，并指出正是这一点导致苏联领导人于 8 月 16 日至 17 日召开会议并做出最终决策。如果真是这样的话，那么秋季将至和苏军在捷克斯洛伐克过冬事宜等问题，有可能是苏联决定进攻时间时的一项重要因素。

更为重要的是，我们应当吸取经验教训，以便今后判断作战行动的发动时间。捷克斯洛伐克的案例充分说明，如果作战行动没有在我们预料的时间发生，以及如果情报界已经针对此类行动做好了充分的准备，这时心理因素将对情报评估产生什么样的影响。8 月初，苏联并没有发动进攻，而是与捷克斯洛伐克达成了一项十分脆弱的政治协议，人们顿时倍感失望，而情报评估几乎立即开始减少对苏联进攻能力的强调力度。当然，事实上苏联一直都在维持这种能力，而且还在不断予以增强。只要这种情况保持不变，苏联动用军事能力的可能性就不会降低，而只是或迟或早的问题。

最重要的是，捷克斯洛伐克案例充分说明，对进攻可能性做出判断并发布预警是至关重要的，但情报部门能够预估出进攻具体时间或是否迫在眉睫的可能性较小。这种情况和其他情况一样，都是美国情报部门过于重视短期或战术预警，过于轻视已经收到的优质战略情报。此外，许多人员（包括一些政策层面的人员，他们没有收到更加具体的预警，因此感到愤懑不平）倾向于指责搜集系统，但事实上，搜集系统已经报告了大量的军事和政治证据，表现十分出色，其中许多证据质量高，有效性强，而且与苏联意图的相关性也很强。情报界虽然明确报告了苏联具有发动进攻的能力，但没有急于提交其是否会发动进攻的判断，似乎是期望能在进攻即将到来之际，收到一些更加具体或明确无误的证据。根据历史先例和从大量预警问题中获得的经验来看，这个期望让人颇感疑虑，因为只要敌人仍然保持军事部署，发动进攻的风险便依然严峻，甚至是很有可能发生，但我们很难预测进攻发动时间。战争史和预警史表明，即使在最好的情况下，关于进攻即将到来的战术证据也是不太可信的，而且我们不能笃信一定可以收到此类证据，另外必须在此之前判定敌人可能的行动模式，否则便为时过晚。

（六）1969 年至 1970 年和 1971 年至 1972 年，北越进攻老挝和南越

探讨时机问题的最后一个示例是北越在老挝和南越发动的三次进攻，这个案例可以提供相当明显的证据，表明即使准备措施已经非常明显，评估进攻发动时间的工作也会出现问题。

一直以来，在老挝北部的拉锯战中，老挝王国军会在雨季来临时，在查尔平原地区攻城略地，而北越进攻部队会在旱季，也就是 11 月至次年 5 月发动攻势，收复大部分失地，有时甚至可以再多推进一些。1969 年秋，我们很早就收到证据，发现有北越军队正在向查尔平原方向移动，包

括以前没有派往该地区参战的某个师的主力部队。因此，从 10 月第一周开始，情报评估（人员）便做出明确预测，指出北越将会发动大规模反攻。在连续 8 周得出同一结论（此后几周，在加入附带条件"如果北越解决了后勤问题的话"之后，这个结论得到采信）后，相关部门决定放弃这个结论，不是因为它被认为是错误的，而是因为在对敌军某一次尚未发动的进攻反复做出预测之后，情报用户已经开始质疑预测结论了，而且预警的影响也开始减退。1 月中旬，开始有证据表明北越正在加紧准备，将要发动进攻，于是情报部门再次预测即将有一次大规模进攻。2 月中旬，也就是北越军队集结和我们最初预测将要发动进攻 4 个月之后，期待已久的进攻终于到来。在该领域经验丰富的研究人员不会对行动延迟的情况感到意外，因为他们已经了解到，北越每一次的进攻行动都是精心策划和详细演练的，而且他们的进攻几乎总是姗姗来迟。

两年后，也就是 1971 年秋，北越在老挝北部的集结活动，再次以非常类似的方式开始了。同样是在 10 月，同样涉及同一个师，但这一次有征候（比如配备了重型火炮）表明将有更大规模的军事动作。情报评估（人员）再次预测北越将在查尔平原发动大规模进攻，但并没有做出进攻即将到来的确定判断。12 月中旬，这次进攻以前所未有的强度发动，而且几乎没有任何战术预警。几天之后，所有老挝王国军部队都被逐出平原；3 周之后，北越对位于平原西南的多个王国军基地发动进攻。与此同时，北越也正在准备对南越发动大规模进攻，在经历了长达数月的集结后，并在情报部门预测进攻将至的情况下，终于在 1972 年 3 月 30 日发动。然而，我们最初所做的预判是，进攻最有可能发生在 2 月中旬之后的某个时刻，很可能会与尼克松总统当月晚些时候访华的时间重合。

事实再次证明，作战行动发动时间是进攻中最不确定的一项，我们至今仍然无法确定河内部队到底是最初原本想在更早的时间发动进攻，只是未能如期完成，还是从未想过要在 3 月底之前展开行动。现在回顾的话，认为 2 月中旬将再有一次"春节攻势"的预测似乎为时过早，因为北越主力部队的部署和其他准备工作一直持续到 3 月。尽管如此，但情报部门的预测从本质上讲是正确的；另外，如果在 2 月份就指出进攻在未来 6 周内不会发生，这种做法将是非常危险的。

三、预警并非预测进攻是否迫在眉睫

正是通过这样的经验，经验丰富的预警分析人员在预测进攻时间时，开始变得非常谨慎。他们通过反复发生的事例发现，虽然在其中一些事例中，作战行动的发动时间看起来像是一个相当简单或明显的问题，但实际并非如此。在大多数情况下，进攻会有所推迟，有时会比人们预判的要晚得多，但即使这样也不能依赖预测，因为有时进攻会提前发生。除了极少数情况，任何关于进攻精确时间的预测都可能是错误的。有太多不可预测的军事和政治因素，可以影响敌人在发动时间上做出的决策，另外敌人有多种方法用来实施欺骗，以掩饰其所做出的决策。

这方面的教训是显而易见的。分析人员及其上级主管都应当把注意力集中在关键问题上，即敌人是否真的准备发动进攻，这是他们有可能准确做出的判断。通常我们可以做出判断，认为所有必要的准备都已经完成，但在大部分情况下，我们做出该项判断时都会信心不足。在预测未来敌人何时可以完成所有必要准备时，我们的信心会更加不足。我们对敌人计划进攻时间所做的预测，是我们最没有信心的，也是最不可靠的。一般来说，分析人员最好不要预测进攻可能发生的确切时间，在一些准备措施尚未完成的情况下更是如此。如果迫于压力，通常最好是提供进攻最有可能发生的某个时间范围，而不是尝试进行过于具体的猜测（因为确实只能猜测）。如果能在历史证据的支持下，对预测日期这项工作的不确定性和危

险性做出一些解释，有时也能给政策制定者提供帮助。

　　战略预警不是在预测进攻是否迫在眉睫，而是在预测进攻是否可能发生，这是政策官员和指挥官首先必须理解的一点。如果我们能够认识到作战行动的发动时间存在不确定性，就不太可能仅仅因为敌人尚未发动进攻（但似乎已经做好了准备），便放松警惕或警戒。

第7章
关于欺骗的问题

我们相信,对征候分析的历史、方法以及原理开展研究后,就能对敌人的意图做出正确的判断,但一想到可能遭受欺骗时,这份信心便会烟消云散。在预警问题中,没有哪个方面会像欺骗那样不可预测,同时具有极强的潜在破坏效果。并不是说通过对案例开展认真研究,我们就能恢复信心,重新认为自己总有办法看穿复杂的欺骗活动。相反,此类研究只会强化一个结论:在面对欺骗时,最出色的分析也会失误,即使是我们中最专业和最有经验的人员,有时也会像新手一样轻易上当。

一、欺骗并不常见,且会被人忽视

毫无疑问,不久之前,欺骗仍然是历史和情报领域中认识最少、研究最少和探讨最少的项目。军事历史学家甚至经常意识不到欺骗在一些重大军事行动的结果中所发挥的作用。事实上,近年来人们披露了欺骗在二战中所起的作用,让人们对那场冲突历史有了全新的认识。为什么如此重要的问题会被忽视呢?

关于欺骗很少受到关注的问题,可以肯定原因之一是它的罕见性。如果说人们很少遇到真正的预警问题，那么关于欺骗的有效案例就更少了，事实上，近年来的一些重大危机似乎很少涉及欺骗。另一个原因也很重要，欺骗努力可能是一切行动中最秘密和控制最严格的事项，即使在事件发生之后，各国也往往不愿意放松对欺骗计划的安全管控，即使该项行动的其他方面已经公开也是如此。为了能对我们有所帮助，也为了开展研究，总是会有将欺骗行动记录下来的例外情况，这通常是计划参与者发表文章或回忆录的结果，又或者是战争档案的解密，而且通常是在事件发生很久之后。在没有战争的时期，欺骗往往会被遗忘和忽视，因为它通常不是维持和平的工具。很少有国家会在和平时期进行大规模或精心策划的欺骗。然而也有例外，特别是在反情报和间谍领域，欺骗已是例行公事。

主动欺骗之所以只适用于涉及国家安全利益的特殊情况，一个原因是欺骗能否成功，很大程度上取决于它的罕见性和实施方事先建立的置信度。不论哪个国家，只要不断甚至频繁传播谎言，很快就会失去其他国家和本国民众的信任和认可。保持高度的安全意识和不去透露太多信息是一回事，但实施主动欺骗去误导他人是另一回事。能够实施最有效欺骗的人员，正是我们信任的人员，或者至少是多年来在与我们打交道时相对诚实的人员。因此，真正的欺骗行动，至少是大型并且复杂的欺骗行动，通常只有在国家生活中最有必要隐瞒意图的危急情况下才能使用。这通常指的是为战争做准备时或在战争期间。

二、欺骗的原理、方法和效果

用最简单的话讲，欺骗的原理就是诱使敌人做出错误的选择；或者，正如谢尔曼[1]将军所说，诀窍就是将目标置于进退维谷的两难困境之中，

---

[1]　威廉·特库姆塞·谢尔曼（William Tecumseh Sherman），美国内战期间北方将领。他的成名之战是"向大海进军"战役，又称萨凡纳战役，战斗期间他率领联邦军发动战略性进攻行动，深入南方腹地，给南方叛军造成沉重打击。——译注

然后将他"钉"在你选好的那一端。如果全凭运气，那么敌人做出正确或错误选择的概率，将与他认为可行程度相当的那些选项的数量成正比。虽然突然性可能纯粹是由误解造成的，但"如果对方考虑了更加周密的战略行动，那么我们通过误解来制造突然性的可能性几乎会消失殆尽"。[1] 因此，规划人员必须想出一个或多个看似合理的备选选项，将它们作为诱饵提供给目标，然后采用一系列计谋来误导目标。"计谋的最终目的是让敌人非常确定、非常果断地犯错。"[2] 即使这个理想目的不能实现（笔者认为很少有达成彻底欺骗的情况），仅仅提出备选解决方案也可以迷惑敌人，使其分散精力或是做出至少部分错误的响应。

换言之，最好的计谋是生成一组预警信号，让目标使用备选解读，最好是能由其主动选择的解读来对这些信号进行诠释。在这样的解读过程中，目标会根据先前的经验和知识做判断，认为原本正确的解决方案是不可信的，而某一个或多个错误的解决方案却是可信的。如果目标不疑有诈，便将不可避免地上当受骗。如果目标怀疑有诈，则只有四种行动模式可以选择，具体如下：

1. 表现得好像没人使用欺骗一样。
2. 同等重视所有设想的解决方案（违反节约兵力原则）。
3. 实施随机行为，但此举的风险在于成败全凭盲目猜测。
4. 惊慌失措，但貌似有些矛盾，因为恐慌之下取得成功的机会，可能

---

[1] Barton Whaley, *Stratagem: Deception and Surprise in War* (Cambridge, MA: Massachusetts Institute of Technology, Center for International Studies, April 1969), 133. 关于军事欺骗，探讨最全面的公开出版物是 *Strategic Military Deception*, eds. Donald C. Daniel and Katherine L. Herbig (New York: Pergamon Press, 1982)。

[2] Barton Whaley, *Stratagem: Deception and Surprise in War* (Cambridge, MA: Massachusetts Institute of Technology, Center for International Studies, April 1969), 135.

与第 3 条中的"随机"模式是一样的。[1]

因此，即使是最拙劣的欺骗努力，只要能够制造出种种具有威胁性的备选选项，就可以生成足够大的不确定性，从而分散哪怕是最老谋深算的敌人的注意力，迫使他或是将努力分散，或是将努力集中起来赌一把，看自己能不能蒙对。此外，巴顿·惠利曾对预警做出一项最为重要的判断，结论是事实证明，即使是最厉害的欺骗实施者，也会轻易成为更加拙劣骗术的受害者。"事实上，这是我在研究中得出的一项普遍规律——不管受害目标在欺骗领域有多厉害，欺骗实施人员往往都是可以成功的。从表面上看，这似乎是一个令人无法接受的结论，一个令人极度不快的常识。然而，这是从历史证据中得出的无可辩驳的结论。"[2]

惠利的研究还有一个具有相关性同时又出乎意料的成果，即只有一小部分计谋是"确保突然性接连不断"所必需的。受害目标有可能熟悉特定的诡计，但这"并不一定会降低这些诡计的功效，遑论破坏功效了。做此预测所依据的理论是，假设造成突然性的原因并不是我们使用的那些特定通信渠道（即诡计），而是我们制造的误导，而造成这种误导的原因，是我们选出虚假信号，再将它们主动提供给欺骗目标"。[3] 换言之，同样的诡计可以反复使用，而且只需少量的简单诡计或情境，计谋就可以奏效。

关于安全措施与欺骗之间的关系，惠利继续指出，欺骗是迄今为止实现突然性的最有效方法，因为在这种情况下，唯一重要的安全措施就是保护欺骗计划本身，而通常情况下欺骗计划只有极少数人知道。如果欺骗计

---

[1] Barton Whaley, *Stratagem: Deception and Surprise in War* (Cambridge, MA: Massachusetts Institute of Technology, Center for International Studies, April 1969), 142-143.

[2] Barton Whaley, *Stratagem: Deception and Surprise in War* (Cambridge, MA: Massachusetts Institute of Technology, Center for International Studies, April 1969), 146.

[3] Barton Whaley, *Stratagem: Deception and Surprise in War* (Cambridge, MA: Massachusetts Institute of Technology, Center for International Studies, April 1969), 228.

划的安全措施足够严密，那么该项行动其他方面的安全措施可能就会完全松懈，而且"最有效的计谋就是在精心计算之后，利用常规行动安全措施中的已知低效现象"。惠利援引了一些对欺骗计划实施极端安全措施的示例，对此预警分析人员应当倍加谨慎，因为此做法会颠覆一种公认的理论，即我们可以从高级囚犯或叛逃者和盘托出的供词中，或是从截获的有效通信、真正的作战计划以及其他此类信息中，了解敌人的计划。例如，为了准备偷袭珍珠港，日本海军于11月5日发布作战计划，在描述计划进攻菲律宾和东南亚的行动时，给出了完整并且准确的细节，却只字不提海军偷袭珍珠港的任务，这部分命令只经口头传达。在1956年突袭苏伊士时，联军司令部的全体英军参谋均未被告知英法与以色列合谋的情况，此事严格保密。在朝鲜战争中，美国计划了一次两栖佯攻[所谓的巨济岛（Kojo）佯攻]，但只有最高级的指挥官才知道这是一次佯攻；甚至海军轰炸部队和航母打击群的策划人员和指挥官也认为这次行动是真实的，因此认真执行任务。许多欺骗行动的一项重要特征就是误导自己人，计划的参与者毫不知情，并且真心相信这个计划，真心实意地履行自己的职责，从而为作战行动的成功做出了实质性的贡献。围绕欺骗行动展开的安全措施可以是非常有效的，因此惠利得出结论，认为几乎不会有欺骗计划被提前透露给受害目标的情况。

三、欺骗的类型

我们有许多方法可以探讨这个问题。第一种方法是惠利提出的，他识别出五种特定类型的军事欺骗：意图（无论进攻或作战行动是否真的会发生）、时间、地点、强度、风格（作战行动采取的形式、使用的武器等）。

战略预警正是本书探讨的主题。对它来说，显然第一种类型（意图）是最重要的。事实上，有人可能会说，只有这个类型的欺骗应当被定义为战略性的，才是正确的，而上述其他类型在本质上都是战术欺骗。但事实上，战略预警（关于敌人意图的认识）经常沦为上述一种或多种欺骗的受害目标。因此，在1968年的"春节攻势"中，我们误判的与其说是敌人意图这个因素（显然，敌人正在准备特定类型和特定范围的进攻），倒不如说是其他因素。我们大大低估了进攻的强度；我们对进攻将要打击的某些地点（尤其是城市）感到震惊；我们在某种程度上误判了进攻的发动风格（即破坏人员和作战部队秘密潜入的程度，尤其是潜入各大城市的程度）；我们对进攻的时间做出了错误的估计，因为人们普遍认为进攻会在春节假期之前或之后发动，而不是在假期当中（它可以解释为什么大量南越士兵休假，而且部队安全措施松懈）。由此可知，正是所有这些对敌人计划和意图的误解，促成了"春节攻势"的突然性和最初阶段的成功。有效的安全措施、敌方欺骗和己方欺骗交织在一起，令我们一败涂地。

战争史上充斥着在时间、地点和强度等某个方面，或是多个方面同时实现突然性的示例。惠利在研究了众多实现突然性的案例后发现，最常见的模式是地点（72%），其次是时间（66%），最后是强度（57%）。他发现最不常见的突然性类型是发动风格，在其分析的案例中占比25%。但也有一些知名度极高的示例，比如在广岛投下第一枚原子弹，以及苏联将战略导弹运入古巴等。

如果我们使用这种方法来分析突然性和欺骗的类型，其实所开展的讨论非常不充分，但只要我们指出偷袭珍珠港这个历史上成功的军事突袭，至少涉及上述四种模式，就可以终结这个并不充分的讨论。美国根本没有正确理解日本攻击美国本土的意图，所以才会使本国卷入战争。从逻辑上讲，这似乎是一次严重的战略误判，事实的确如此。美国没有察觉进攻地点，因为大量证据表明日本将进攻东南亚（事实上几乎就在同时，日本确实进攻了东南亚）。从很大程度上讲，进攻的时机是此役成功的重要原因，日本之所以故意选在周日清晨，是因为此时美国大部分军舰通常都会停泊港口。当然，日军进攻的强度也是没有预料到的（因为没有料到会在此地发动进攻），日本的安全措施和欺骗行动有效地屏蔽了其特遣部队所开展的行动。

第二种分析突然性和欺骗类型的方法是，研究如何使用各种方法或措施，去实现上述一种或多种突然性类型。这种分析方法的使用更加广泛，也许与战略预警更具相关性。我们可以大致确定其中的五种类型：安全措施、政治欺骗、掩护、主动军事欺骗，以及迷惑对手和传递虚假信息。

1. 安全措施

严格来讲，安全措施本身并不是一种欺骗类型，因为它并不是主动采取措施，误导敌人得出错误的结论，而只是为了隐瞒进攻准备。因此，经验丰富的分析人员应当保持谨慎，仔细辨别正常或常规的安全措施与真正的欺骗。但区分欺骗与安全措施之间的界限并不显著，二者经常相互混淆。此外，即使没有采取更加复杂的措施，有效的安全措施通常也可以在很大程度上误导或欺骗攻击目标。通常来说，安全措施本身并不会导致敌人开展错误的准备或以错误的方式部署部队，但它可以让敌人采取非常不充分的反制措施，甚至如果己方安全措施完全有效，敌人根本不会让部队进入警戒。

一般来说，作战行动必须采取的军事措施越多，所需动员和部署的部队越多，就越不可能仅靠安全措施去制造误导。惠利引用了克劳塞维茨的观点，即大规模作战行动的能见度很高，因此这些行动不太可能隐瞒得住，所以更有可能实现真正突然性的是战术领域，而不是战略领域。事实上，不久前的实例已经证明了这一点。虽然苏联基本上可以隐瞒关闭柏林地区东西分界所需的军事部署，但并不可能隐瞒出兵捷克斯洛伐克所需的军事部署，事实上苏联并没有为此做出多大的努力。一些著作家宣称，现代搜集系统和通信将使安全措施在未来变得更加无效。确实可能如此。因此，想要实现突然性，各种形式的主动或蓄意欺骗一定会变得更加重要。

2. 政治欺骗

在这些方法中，最重要的就是政治欺骗。它可能是所有欺骗措施中最简单的，也可能是最常见的。虽然政治手段可被用来强化战术突然性，但这种方法作为掩盖意图的战略措施时，更具特殊价值。此外，这是最经济的一种欺骗手段，而且泄露的概率极其渺茫，因为几乎不需要人员参与这些计划。政治欺骗战术多种多样，我们将强调以下几种：

国家可以通过外交渠道、官方声明、报刊或其他媒体，发布直接或间接的谎言。这些谎言可以极其拙劣粗疏，然而国家采用这种简单直接的方法，宣称完全无意采取自己准备采取的行动，同时断言所有指控都是虚假的。国家有时会使用这种方法，在事关重大的情况下更是如此。然而，间接谎言这种更加难以识破的方法往往才是首选，而且它能让领导人在事发之后仍然保持一定的置信度，或者至少在被指责公然推诿时可以矢口否认。苏联在古巴导弹危机前发布公开声明时就使用了这种战术，比如 1962 年 9 月 11 日那则极其有名的塔斯社声明。苏联在声明中表示，运往古巴的所有武器"只能用于防御目的"，苏联"没有必要"向其他任何国家部署导弹。

政治欺骗还有另外一种常见的使用方法，提议举行"谈判"来讨论争议问题，但事实上根本没有达成协议的意图。这种方法专门用来在进攻准备进入最后阶段时，在相对较短的时间内平息怀疑。1956 年 11 月，苏联在出兵控制匈牙利"十月事件"前夕，就曾使用这种战术，当时苏联军官与匈牙利人举行谈判，讨论苏联"撤军"事宜。朝鲜在 1950 年进攻韩国之前，也曾使用这种诡计。当时，他们发布"和平提案"，呼吁举行国家统一选举。

惠利发现，有一种方法的形式与上述欺骗战术稍有不同，即让敌人相信关于我方发动进攻的态度坚定的决策，实际上只是在虚张声势。"这是一种相当常见的诡计，目的是重新获得主动权，以及确保突然性，具体做法是暗示仍然存在除战争之外的其他选项，从而掩盖危机的高度紧迫性，并让目标相信其时间和选项比实际多。"[1] 惠利指出，这种诡计曾在日本偷袭珍珠港、1941年德国进攻苏联、1942年英国进攻阿拉曼，以及1967年以色列进攻埃及等战役中使用。

政治欺骗还有一种与之较为类似而且相对难以察觉的形式，即在外交活动和公开声明中淡化局势的严重性，目的是让人们产生这样一种印象，觉得该国并不认为其重大利益受到威胁，或是其与攻击目标的关系较为友好甚至变得越来越好。此举的结果是宣传领域突然转向，开始使用更具安抚性的语气，并对敌人做出友好的姿态，但在此之前，该国其实已经做出了发动进攻的决策，或者至少做好了应急决策。这是一种相当常见的战术，通常为独裁政权惯用，特别是因为此类政权可以完全控制媒体，所以可以轻易改变宣传口径。在1945年8月苏联进攻日本驻中国东北部队的数周甚至数月之前，这种战术就被使用过。当时苏联表面上着手缓和与日本的紧张关系，并对日本驻莫斯科大使的态度变得"近乎热情"，但同时在远东为此次进攻集结兵力。通过政治手段实施欺骗的努力，往往不止会欺骗大量本国民众，如果这个问题极其重要，有时甚至会欺骗盟国领导人。众所周知，真正懂得如何实施欺骗这门艺术的人员，甚至会欺骗自己的上级（不把自己的计划通知给他们），然而很明显，这是一种相当冒险的做法，只能用于在战争已经开始的情况下，为某个特定军事行动提供战术突然性。

3. 掩护

掩护（此处指的是"掩护实情的计划"或"掩护身份的故事"）是军事欺骗的一种形式，应当有别于主动军事欺骗，但经常会与主动军事欺骗结合使用。假定无法向敌人隐瞒军队集结活动，进攻方就可以使用掩护手段，

---

[1] Barton Whaley, *Stratagem: Deception and Surprise in War* (Cambridge, MA: Massachusetts Institute of Technology, Center for International Studies, April 1969), A548.

由此可知其目的是针对可以观察到的军事活动，提供一些表面合理的解释（即除事先策划侵略之外的其他解释）。它可以只是针对军队集结的规模或目的发表虚假声明，宣称开展军事准备是为了其他的事情，从而掩盖真实意图。纵观历史，最常见的解释是部队正在进行"演习"，但也会有其他借口来解释部队的调动，比如宣称边境地区发生内乱或灾害。西方情报部门很早就发现苏联会把演习当作借口，以此掩盖发动侵略的准备，而苏联及其华约盟国也认为北约会利用演习为进攻打掩护。

假定我们已经知道这种战术，但苏联曾在1968年7月和8月期间，几次宣布其军队正在苏联西部地区和东欧进行各种"演习"，并且当时取得了部分成功。事实上，并不存在真正的演习，唯一正在进行的活动就是动员以及部署苏军和华约部队，准备出兵捷克斯洛伐克。

4. 主动军事欺骗

主动军事欺骗是最难实施的一种欺骗形式，至少极难以大规模的方式加以实施，但它是最有效和最成功的一种欺骗形式。如果说安全措施和政治欺骗在平息人们对意图的怀疑方面最有效，那么主动军事欺骗就是能让敌人以错误的方式部署部队，以及准备在错误的地点和错误的时间发动进攻的主要手段。事实证明，即使战略欺骗失败了，或是从一开始就不可能实施，主动军事欺骗也能极其有效地实现战术突然性，进而确保作战行动获胜，以及（或是）大大减少进攻方的伤亡数字。惠利曾经撰写文章，针对主动欺骗行动的有效性和回报等事宜，汇编了一些令人印象深刻的统计数据，其中列举的某些主动欺骗行动非常重要，而且非常成功，因此真的影响了历史发展进程（比如诺曼底登陆）。

成功的军事欺骗行动可以是相对简单的骗局或者佯攻，也可以是一系列高度复杂、相互关联、彼此一致的措施。所有措施都是为了能在敌人的头脑中，制造关于进攻的时间、性质、强度和地点的错误印象（或者支持他最初错误的概念）。公认的主动军事欺骗手段包括：

- 军队调动的伪装，以及新军事设施的伪装；
- 在已被空置的设施或不会发动进攻的前线地区放置武器装备的模型；
- 仅让少数几件军事装备来回移动，以此模拟大量活动；
- 使用噪声制造机或录音，以此模拟大量活动；
- 将看似为真、实则虚假的军事命令主动泄露给敌人；
- 派出"叛逃者"，让他们带去看似可信、实则虚假的"故事"；
- 为上述同样目的而使用双重间谍；
- 使用无线电，以明文或明知敌方已经破解的密码，发送无效的军事信息；
- 保持正常的驻军通信，但部队在无线电静默状态下开展部署；
- 建立完全虚假的无线电网络，目的是模拟出根本不存在的部队，或是向敌人传递一种己方将在计划攻击目标以外的某个地区集结部队的印象；
- 将侦察、轰炸或炮击等活动集中在攻击目标以外的某个地区，或至少在一个较大范围内进行这种活动，使敌人无法通过这些准备措施，找出真正的攻击目标地区；
- 在主要指挥官行踪的问题上发布虚假公告，或实施其他欺骗手段；
- 公开进行训练演习，演练计划外的进攻类型（比如两栖进攻）；
- 杜撰出虚假的部队番号；
- 陆海军部队开展实际部署或进行佯攻，目的是模拟向错误的地点发动进攻；
- 使用敌军的制服和徽章；
- 在进攻前夕宣布批准休假，甚至在进攻开始约一天前大量发放营区通行证。

上述清单并没有穷尽那些已被设计出来，并在军事行动中成功使用过的骗局和诡计。当然，在实施这种主动欺骗措施时，往往会辅之以政治和宣传等欺骗措施，会使用掩护故事，还会对真正军事行动施以极其严密的安保措施。因此，这些措施所能造成的综合效果是，在即将到来的进攻问题上彻底误导敌人，即使有时敌人已经确认可能遭到进攻，并且确实已在其他方面做好应对进攻的充分准备。

很明显，如果战略欺骗的目的是隐瞒已经彻底计划好的进攻，或是隐瞒针对某个地区的进攻，那么上文提及的种种诡计将用处有限，甚至可能适得其反。在这种情况下，进攻方不想进行大量军事活动，也不想向对手提供关于进攻迫在眉睫的虚假文件，理由是这样做只会徒增怀疑，促使对方情报部门投入更多的搜集努力。在发动敌对行动之前，根本无法实施轰炸和炮击等措施，更不能开展非常高调并且异于常态的侦察活动。出于这些原因，如果是那种久负盛名的军事欺骗手段，就不能在将引发一场大战的偷袭之前使用，因为一旦使用了这种欺骗手段，偷袭本身就会成为战略预警的关注重点。与此同时，读者可以发现，在偷袭发动之前，上文提到的那些战术能以最有效的方式欺骗我们。我们应该特别当心的诡计包括：通信欺骗，特别是保持正常通信，但部署时需保持无线电静默；提供军事命令和其他文件；使用假意叛逃者和双重间谍；其他任何能以有效方式分散我们注意力，从而令我们无法全神贯注地防备真正进攻的措施。我们可以合理地断定，作战行动的规模越大，重要性越高，主动欺骗行动的规模就越大，复杂程度也越高。自二战以来，我们遇到的主动军事欺骗案例相对较少，但我们不应因此放松警惕——事实上，这种现象只会让我们变得更容易遭受欺骗。

5. 迷惑对手和传递虚假信息

就容易被用来误导敌人和分散其注意力而言，迷惑对手和传递虚假信息很可能仅次于政治欺骗。迷惑对手和传递虚假信息这种战术不一定必须非常复杂才能成功，但它可能确实非常复杂。即使是一个用大量彼此矛盾的故事和报告去淹没情报"市场"的简单计划，也能有效调动分析人员及其上级的时间和注意力，使之不再重视原本应该全力关注的那些可靠情报。如果危机氛围已经存在（这是极有可能的），而且如果一些报告虽然耸人听闻但有一定程度的合理性，那么事实将会证明，它们可能正是巨大的干扰力量。如果这种信息数量极大，分析系统就会不堪重负，以至于一些重要而且有效的事实会在分析流程中丢失，而其他事实也不会得到应有的重视。

此外，如此大量的材料，将以不可估量的程度加剧分析人员疲劳状态（在危机情况下，他们总是十分疲劳），而且往往会生成一系列"狼来了"警报，我们如果收到真实预警，此时它们就会降低这些预警的可信度。

四、我们能够做些什么

所有国家都难以抵御欺骗，甚至那些十分擅长这门艺术的官员所在的国家也是如此。至少在某些方面，民主国家很可能比独裁和封闭社会更加难以抵御欺骗，而且不可否认的是，开放社会更加难以实施欺骗。

我们能做些什么呢？是否毫无希望呢？一些专家发现，不管目标对手如何经验丰富，欺骗行动几乎总是能够成功对其实现突然性。特别是如果目标试图避免战争，那么旨在制造模糊性的战术（是最简单的欺骗形式之一）几乎总是可以成功制造拖延，也就是让目标推迟做出正确的决策。或者，即使目标确实发现有人正在实施欺骗，可能仍然会做出错误的决策；也就是说，不相信正确的信息。此外，即使没有明显欺骗，进攻发起方也会拥有相对于目标的天然优势。因此，有人认为突然性是不可避免的。也有人尝试设计一种反欺骗方法，以此作为避免突然性的最有效方法。人们提出了各种不同的方法，从向已知的反馈渠道中提供虚假信息，到对数据的可靠性和一致性进行复杂的测试，不一而足。看起来，这些方法中大部分或是假设可以过量打入敌方情报架构内部，若果真如此，那么进攻方早就可以借此大获全胜了，或是太过不切实际或耗费时间，因此在真正的危机中不太可行。

也许悲观主义者是正确的，也许我们确实无法发现复杂的战略欺骗计划，遑论予以反击了。但在许多过往危机中，其实欺骗远没有那么复杂，它们甚至是透明的。令人震惊的是，即使是所有情报人员都应警惕的基础欺骗战术，往往也会非常有效。因此笔者认为，下文提出的建议在现实情境下将会有所帮助。

如果我们希望对抗欺骗，首先就是去了解它，并研究一些历史案例。从某种程度上讲，我们可能无法抵御那些"历史悠久"的诡计，但我们需要知道这些诡计是什么，才更有可能识破它们。其次，情报机构、政策层面和指挥层面都必须明白，在某些情况下，很可能有人会使用欺骗，不但我们的敌人，有时甚至我们的朋友也会如此。要想识破欺骗，关键在于必须预判出欺骗较有可能，甚至很有可能发生，否则我们几乎不可避免上当，被简单的欺骗计划所蒙蔽。我们如何发现敌方实施欺骗的情境呢？答案是敌国的重大目标难以实现时，敌军的军事力量正在动员和部署时，以及敌人显然"有所图谋"等情境。在这种情况下，假定敌人不会使用欺骗手段的想法是极其愚蠢的。我们必须时刻警惕欺骗的可能性，并假定它不是不太可能发生，而是极有可能发生。我们不应该像往常习惯的那样，对敌人的"背信弃义"感到出离愤怒，而应该对自己没有事先意识到这种可能性感到愤怒。坦率地讲，我们必须少一些信任，多一些怀疑和面对现实。

如果发现有人正在实施欺骗，我们可能就已经成功了一半。因为只要发现这一点，我们就会警惕以下情况：第一，敌人很可能正在做准备，将要实现某种令人不快的突袭，否则为什么要费尽周折去欺骗我们呢？第二，应当透过欺骗努力的"障眼法"，开始尝试判断敌人真正的计划或意图。在大规模军事集结时，通常最容易（或者更准确地说是最不难）看穿的"障眼法"应该就是政治欺骗，以及与之如影随形的军事"掩护故事"。如果敌人的政治行为与军事准备不一致，如果对方说话时轻声细语，但手持大棒，这时务必当心。这是最简单、最不复杂的欺骗方法。任何国家都不应太过轻信，直接被这种策略欺骗，至少应该提出一些疑义问题。如果发现有人正在实施这欺骗，那么发现欺骗这件事情本身，或许并不一定会让人明确了解敌人到底将采取哪些行动，但至少可以让我们有所警戒，以防敌人说一套，做一套。对于战略预警来说，发现欺骗可能是最重要的因素，但对战术预警来说则未必。

事实上，不可能隐瞒为大规模军事行动所做的准备。尽管敌人采取了最精心设计的安全防范措施，但无法在完全保密的情况下集结兵力发动大规模进攻。如果我们是在这种情况下遭受欺骗或突袭，那将是因为我们或是听信了敌人的掩护故事，或是敌人主动提出举行和平谈判，让我们的先入之见推翻了对证据所做的分析结论，又或是因为我们在进攻的时间、地点或强度等问题上被严重误导，因此未能在正确的时间采取正确的军事对策。

不同于战略预警或发现敌人正在准备发动进攻，战术预警高度依赖我们看穿敌人主动军事欺骗计划的能力。关于这一点（基本上就是惠利在其书中提过的计划和欺骗的类型），经验可以告诉我们，敌人成功实施欺骗的机会确实很高。即使发现正在实施欺骗（比如发现伪装设备），也不一定可以在进攻的强度、地点或日期等问题上得出正确的结论。换言之，即使进攻的可能性已经得到普遍承认，军事指挥官仍然面临难以看穿敌人欺骗计划的细节，以及难以准备防御措施的问题。因此，即使战略预警问题在很大程度上已经得到解决，战术预警问题也仍将继续存在。

对于战略预警和战术预警来说，迷惑对手和传递虚假信息的战术将会带来非常严重的问题。国家处于极度紧急状态时，所面对的可能就是这种战术，此种情况应该引起高度重视。其他国家的反情报系统全力释放虚假情报能力，再加上使用其他欺骗手段，这会在复杂分析和报告方面，对我们的搜集机制提出前所未有的要求，而真正的分析人员极其依赖这个机制，需要它去评估情报的准确性，以及线人是否有实施欺骗的潜在动机。在这种情况下，搜集人员必须针对报告的来源和收到报告的渠道，提供尽可能多的相关信息，这一点至关重要，因为分析人员收到报告之后，在做出评估时几乎完全依赖这些评估和意见。在紧急状态下，即使来自敌方情报部门的报告，其中有许多也是极其难以与其他来源提供的报告彼此区分的。比如，通常来说，谣言的来源根本不可能追踪到，但在许多情况下，谣言却是关于真实动向的重要征候，分析人员不敢彻底予以忽视。

此外，通常有两个一般性指导原则，可以帮助分析人员穿透欺骗的迷雾，感知敌人最有可能遵循的行动模式：

1. 去芜存菁

在海量传入的材料中，剔除所有可靠性或来源可疑的信息，并汇总那些已知为真实的信息（"事实"），或是那些来自可靠来源的信息，因为这些信息既不会包藏祸心，也没有欺骗的理由。这样你就可以建立一个可靠的数据库，尽管它可能是有限的，但可以作为衡量标准，用以判断其他数据和来源的可靠性或一致性。听起来简单明了，但通常不会有人这样去做。

2. 紧盯硬件

最终，敌人必须动用军事力量，发起作战行动，而他们的行动将是判断其意图的最终决定因素。在某些情况下，预警失误主要是因为没有紧盯硬件。敌人可以设计出各种各样的诡计和转移注意力的幌子——无论是政治上的还是军事上的，而且它们往往可以非常成功地转移人们的注意力，使之不再关注军事能力这项至关重要的因素。只要能够一直保持或是不断加强这种能力，全力紧盯这项能力的分析人员和军事指挥官，很可能就会对敌人的意图做出更加准确的感知，不像有些人员会在敌人按照计划放出每一则新的宣传或谣言之后，让自己的判断也随之亦步亦趋，左右摇摆。

最后还要对政策制定者和指挥官提醒几句。抵御敌人欺骗计划的最佳手段，就是让自己的部队保持警戒和准备。如果这些部队已经有所准备，知道进攻有可能发生，即使可能性很小，他们也可以在很大程度上挫败敌人在这方面的努力，就算真的没有预判到敌人的作战行动时也是如此。换言之，我们有可能在政治上或心理上感到意外，但同时在军事上却已做好准备。让美国舰队驶离珍珠港的做法，正是为了防范可能遭到进攻的常规战备措施，即使可能性很小，就算我们对日本意图的所有其他评估都不正确，这项措施也可以拯救舰队。

第8章
判断与政策

预警情报的终极职能是对敌人最有可能采取的行动做出评估，为决策者提供关于敌人意图的判断。正是这一点让预警情报有别于关于战斗序列和军事能力的评估、动态情报和评估情报：关于战斗序列和军事能力的评估，通常会刻意不去对可能发生的事件做出判断；动态情报只重视大量的日常需求和报告，但其中只有一部分与征候和预警有关；评估情报可能是最接近预警的，但相比预警情报，它在评估敌人行动模式时，通常需要更长的时间和更广泛的方法。

为什么在给出"事实"或能力陈述之后就此打住是远远不够的？当然，答案显而易见，人们期望并明确指示预警情报应对意图进行评估。在做出判断时，它只是在照章办事，响应用户的意愿。在这个问题上它确实别无选择。然而，这并不能解释为什么会出现这种情况。

一、事实不会"不言自明"

情报由许多不同方面和类型的信息组成，有的简单，有的复杂，有的容易被非专业人员理解，有的需要经过详细的研究和分析，然后用户才能看懂。如果情报唯一的职能是汇编"事实"，那么就不需要任何类型的分析人员了。情报流程就是评估几乎所有搜集到的原始数据，以判断它们的准确性，随后不作任何进一步的评论或分析，直接传递给政策官员。

当然，各级情报从业人员不断做出判断，并根据这些判断采取行动，或通过刊发报告或简报上报这些判断。前线搜集人员选择向总部发送或不发送某些信息片段，就是在做出判断。动态情报分析人员决定写下或不写下某条特定信息，也是在对它做出判断。这位分析人员编纂这条信息的方式，以及他强调信息中各个方面的做法，就构成了另外一种判断。他的直接上级选择将哪些内容写入简报，向其所属机构或部门的高级官员汇报，就是另一种判断的结果。

> 如果做出判断并非一直都是情报流程中不可或缺的组成部分，情报系统就不可能发挥作用，对用户来说也将毫无用处。

简言之，如果做出判断并非一直都是情报流程中不可或缺的组成部分，情报系统就不可能发挥作用，对用户来说也将毫无用处。如今，搜集到的材料数量极其庞大，因此不但不可能以任何其他方式发挥作用，而且还会将情报判断和知觉判断（perceptive judgment）等更多责任，推给系统中许多职位相对较低而且籍籍无名的成员，尤其是那些在前线搜集原始数据的人员。

（一）判断对情报流程的价值

除了满足政策官员的需求这个最终结果之外，做出判断这个过程本身对于情报系统，特别是对于其预警部门来说也极有价值。但这个方面往往被人忽视。

如果事实不能向政策官员自证其重要性，那么它们同样不一定能向情报分析人员及其上级自证其重要性。那些没有进入系统的人员，可能会震惊于许多人从同一组"事实"当中，得出各种不同的解读，有时几乎是截然相反的——即使这些事实本身相对简单并且没有争议。这种解读迥异的问题以及它对预警的影响，我们已在前文详细探讨过。这是预警问题中最重要的一个方面。

征候流程的起点是对原始数据开展搜集，终点是对敌人的行动模式做出最终判断，一般来说，人们在这个流程中研究得越深入，观点或解读的分歧可能就越大。换言之，通常情况下，人们在判断特定传入信息是否确系征候或可能的征候时，比较容易达成一致意见；而在逐个研究这些征候、看它们分别表示什么意义时，很难达成一致意见。如果将事实或征候汇集起来研究，看它们是否意味着敌人即将采取敌对行动或其他不利于我们利益的行动，人们将更加难以达成一致意见。或者，我们可以举一个具体而且非常简单的例子：

如果有人说 X 国边境地区出现高强度军事活动，这可能是非常重要的征候，情报界应当密切监视和报告，那么人们在很大程度上会就此达成一致意见；如果目前能够获得的信息已是最优，有人说能够观察到的活动是真正的作战部队动员或集结，而不是演习，对此人们达成一致意义的程度将会降低；如果有人说这种活动虽然看起来规模极其庞大，但只表明 X 国有进攻邻国 Y 国的意图，或者有人说 X 国会不会只是向 Y 国施加压力，所以开展真实程度异常之高的军事演习，又或是为了"保留选择权"，这时人们能够达成一致意见的程度将是最低的。现在，在以上三个问题或者说判断中，最后一个当然是最重要的，也是政策制定者最需要知道的。

我们来做一个假设。假设负责发布预警（即监视报告）的团队并没有完成整个分析流程，即仔细研究征候，尝试确定它们的意义，最终就敌对行动是否迫在眉睫一事做出判断。相反，这个团队只完成了流程的某一部分。他们只讨论了一些征候或可能的征候，但并没有就是否真有动员或演习达成一致意见，或者其实根本没有讨论过此事。也许是因为这个问题太过"热门"，所以他们达成了心照不宣的默契，并没有真正抓住意图这个关键问题。他们的最终产品是一则没有争议但也毫无实质内容的声明，比如："高强度的军事活动仍在 X 国与 Y 国交界的边境地区继续进行，局势仍然非常紧张。"自然，所有人都会同意这一点，谁也不能说这是"错误"的。这不但对政策官员毫无帮助，而且还意味着情报部门并没有真正完成严格的情报流程，即分析现有数据的意义，然后尝试解读数据的真正意义。然而，如果投入足够的时间和精力，其实还是有可能达成一致意见，共同做出有意义的判断的。在这一过程中，情报人员可以更好地了解事实和相关问题，政策制定者也可以收到更加明确的证据分析，并了解自己可以选择哪些备选行动模式。

（二）判断对政策官员的价值

> 未能做出情报判断的另一个后果是，政策官员也将无法做出判断，或是将根据不充分的信息做出判断。

如果未能做出情报判断，将有另外一个同样危险的后果，那就是政策官员也将无法做出判断，在事态极其关键、必须做出判断时也是如此。如果没有某种正向的情报判断（某种预警），政策官员倾向于将危险最小化，或是认为自己以后有时间做出决策，又或是认为威胁并非迫在眉睫，这时他几乎不会受到指责。多年来，政策官员一直对自己收到的情报感到不满，其中原因很多，但毫无疑问，最大的原因就是预警不足，最终导致自己难以判断敌国要做什么。

此外，此类情报失误最有可能引发一些特别委员会甚至美国国会的调查。情报机构可以在许多小问题上犯错，事实上其中有些完全不会被用户察觉。但绝对不能在重大国家安全问题上犯错，包括关于敌人进攻的预警。此类错误绝对不会无人察觉。在这个领域，就错误而论，不作为与作为的严重程度是一样的；其中，前者是指根本没有做出判断，而后者是指做出错误判断。如果情报机构想通过不置可否的做法来谋求"安全"，最终将会发现自己对国家造成了极大的负面影响，就和预测称没有危险一样糟糕。

分析人员最难发现的事情是，在指挥链中处于较高位置的人员到底了解哪些事实，以及如何解读这些事实。随着情报部门从二战后流行的非正式"小作坊"，发展成高度组织化的大型官僚机构，这些问题变得更加复杂。可以肯定地说，大多数分析人员从未与政策层面的任何人员交谈过，而且关于这些官员已经知道和需要知道哪些情况，他们的了解可能也极其有限。

由此可知，如果情报部门未能向政策制定者提供判断，结果很可能就是这些官员将做出自己的判断，但却是在信息不充分的基础上做出的，或者说是在没有分析人员提供解读帮助下做出的。[1] 当然，在预警工作中，这些困难将变得愈加复杂，因为信息量比正常情况要大得多，而且对于信息所做的解读也更加复杂。

二、高层用户需要和想要知道什么

关于政策制定者想要知道的信息，如果可用严格固定且通俗易懂的术

---

[1] 这与1983年大韩航空公司007航班被击落时的情况如出一辙。关于此次击落事件，详见西摩·赫什（Seymour Hersh）的《目标已被摧毁》（*The Target Is Destroyed*, New York, Random House, 1986）。相关部门将一份准确的、基于情报的击落报告提交给国务卿，但却是在其对苏联意图做出带有偏见的结论之后。

语加以表述，而且这些要求不会改变，那么我们很可能知道它们是什么。事实上，这个问题非常复杂，即使是最有经验的政策官员也很难给出现成的答案，去说明他们在各种假设情境中到底需要知道什么信息——而且在这些假设情境中，最危险和最重要的那些我们还都没有经历过。

许多政策制定者都会撰写回忆录和其他作品，披露大量关于高层决策者如何在真实情境中进行思考和行动的信息。这些作品通常不但有趣，而且内容翔实，比如有许多关于古巴导弹危机的回忆录和研究资料。它们可以让人们了解政策的实际运作情况，这比任何相关方面主题的理论或伪科学都更有趣，也可能更有价值。

不论是谁，只要在情报行业工作一段时间，一定早早知道关于高层想要收到什么情报的指导原则和指令可能都是暂时的。他们向情报部门提出的需求每月（有时甚至每天）都会有所不同。造成这些变化的原因，并不完全是或并不主要是国际形势的变化或事件的不可预测性；显然，如果某个地区的局势变得危急起来，用户就需要关于这个特定问题的更多情报。另外，这些变化的成因还包括个人及其行为模式的不可预测性，他们想要知道多少情况，以及他们希望的情报呈现方式等。关于政策官员和军事规划人员，情报分析人员最先了解到的可能是以下几点情况。

（一）政策制定者是高度个人主义的

这一点无须在政府任职也能知道。众所周知，美国总统在情报呈送的数量和形式等方面的要求大相径庭，一些人（比如杜鲁门和肯尼迪）是情报的热心读者，另一些人（比如艾森豪威尔）严重依赖手下工作人员，因为他们只想听取要点。一些人在早餐前会翻阅三四份报纸，另一些人据说很少看报。近年来，总统国家安全顾问已成为向总统传递涉外情报和外交政策事务的主要渠道，有时几乎是唯一渠道。因此，情报开始去适应这位顾问的需要和要求，而不再是直接适应总统本人。

为了支持国家政策工作，国家安全委员会、其他各种委员会或特别小组等部门，也提出了大量的情报需求。每位国务卿、国防部长（有时包括某些内阁成员）、参谋长联席会议、各主要情报组织负责人，以及这些组织工作人员的个人态度和工作习惯，也会强烈影响情报内容、细节程度以及呈现方式。政府更迭几乎总是会带来一连串的需求，要求提供新的情报和政策研究，或是重新审阅和重新整理以前做过的研究，要求改变情报文件的涉及范围或格式，以及出台新的指令，明确应当提交的信息细节或事实证据的数量。

（二）特殊情况与常规情况的需求是不同的

显然，美国及其领导人对所有类型的情报，即基础情报、动态情报、分析情报或评估情报等都有持续的需求，这些情报涉及无数国家（不论是友好国家还是潜在敌国）当前的活动、政策和目标，因为政策制定者需要与它们打交道。几乎所有国家的政策和态度都会以某种方式对我们产生影响。即使是最小的国家，也可能在联合国投下关键的一票，或是可以提供某些非常重要的原材料。因此，政策制定者对各种信息的潜在需求，其实是无穷无尽的。当然，政策制定者需要的所有信息并非都是由情报部门提供。事实上，在许多情况下，在提供信息或影响政策制定者的行动模式方面，涉外情报只能发挥相对较小的作用。

一般来说，如果某个外国政府正在采取的某种做法，将在不久后严重影响我们的国家安全利益，这时涉外情报可能会对政策产生最大的影响。在这种情况下，情报界通常肯定能够提供制定政策所需的重要信息。

不论在战争中还是和平时期，在需要我们采取军事行动或做出响应的问题上，政策制定者和军事指挥官都非常需要相关情报。近年来，最高当局愈加倾向于在政治和军事事务领域接管监督权力，亲自操刀那些看似细枝末节的行动或决策流程。众所周知，许多将军和级别略低的军官纷纷开始抱怨，称自己在二战期间担任前线军官甚至连级军官时负有的责任和拥有的决策权，都要大于在近期冲突或可能爆发的冲突中担任高级军官时的情况。众所周知，肯尼迪总统在 1961 年危机期间，亲自负责审查美国车队在柏林高速公路上的往返情况，而且在柏林问题上，即使最微小的决策也是白宫做出的。类似的，在越南战争期间，美军执行的轰炸任务，事先已在政府最高层接受审查——不但进行关于目标选择的一般性政策审查，而且也会确定具体目标。显然，这需要在国家层面提供比通常情况下更为详细的军事情报。

最后，政策制定者如果身处各种危机当中，就会需要情报，特别是身处突发或快速变化的局势时，因为可靠和最新的情报对政策制定者来说至关重要。这些危急局势很可能对情报界提出最苛刻的要求，至少短期内会是如此。有人说危机越是严重，对决策的要求就越紧急和越迫切，决策者对信息的需求就越大，很可能确实如此。这样一来，情报部门的声誉越是岌岌可危。无论此说法是否公平，但情报系统的判断标准，很大程度上取决于其在危机前夕和期间的表现。前文指出，如果国家面临的严峻问题变得更加危急，这时情报部门可以在许多问题上犯错（而且几乎不会有人察觉），前提是它能够为政策制定者提供其所需的支持，并且让其感到满意。

（三）政策制定者需要证据来采取行动

谢尔曼·肯特（Sherman Kent）讨论了政策官员通常认为最可信和最有用的情报类型。他得出结论的依据是自己担任国家评估委员会（Board of National Estimates）主席的长期经历，以及后来担任国务院情报主管[1]的罗杰·希尔斯曼（Roger Hilsman）对这个问题开展的专项研究。关于政策制定者对基础、动态和评估这三类情报的看法，他们得出的结论是：

---

[1] 他担任的是美国国务院情报研究局局长。——译注

- 政策官员认为基础情报的可信度最高,尤其感谢情报部门能够在接到通知后的极短时间内,针对大量主题提供极具深度和广度的事实信息。
- 他们认为动态情报的可信度较低,倾向于将其贬低至与日常新闻相提并论的程度。
- 他们认为评估情报的可信度最低,因为他们发现评估情报至少有一部分是推测性的,因此不具备基础情报的那种权威性和可靠性,而基础情报从本质上讲都是事实性的,因此被人们认为是高度可靠的。此外,他们还倾向于认为自己的推测与情报人员一样出色,甚至更加出色。[1]

这几位先生显然没有回答一个问题:如果事实证明基础情报是错误的,比如战斗序列"事实"是不正确的或是过时的,那么政策制定者被这种基础情报所误导的情况将有多么频繁?基础情报并不总是比评估情报更加准确或更加真实,尽管从其呈现形式来看似乎确实如此。

政策官员为什么会有如此反应?特别是如果情报界倾向于将《国家情报评估》视为自己的最高成果,倾注了最大心力,并且与旗下最多专业机构开展最广泛协调的成果时,更会作此反应。身处底层的基础情报分析人员,不都是希望有朝一日自己可以晋升为评估人员,并因此名利双收吗?

古巴导弹危机能更好地阐释这个问题。我们回顾一下,有些人对1962年9月19日的《国家情报评估》提出批评,因为它得出的结论是,苏联不太可能将战略导弹运入古巴境内。毫无疑问,在发现导弹之后,情报努力必然会被评定为某种"失误"(无论其结论有多合乎逻辑),理

---

[1] Sherman Kent, "Estimates and Influence," in Donald P. Steury, ed., *Sherman Kent and the Board of National Estimates* (Washington, DC: Center for the Study of Intelligence, 1994), 34-35.

由是苏联确实这样做了，但当时没有预测到。但是，如果情报是"正确"时又会怎样呢？如果 9 月份的《国家情报评估》得出结论，认为苏联将战略导弹运入古巴的概率过半，或是极有可能，又或是几乎肯定，又会怎样？假设总统也相信这个判断，但在没有证据的情况下，他又能做些什么呢？当然，事实上如果没有确凿且令人信服的证据，无法证明战略导弹已在古巴或正在途中，总统是不可能采取行动的。情报部门在这个问题上是怎么"以为"的，其实并不重要。重要的是，情报部门搜集到的数据，必将有助于确定导弹是否已经运入古巴，从而为总统提供依据，让他可以据此与苏联对峙，并向美国民众和世界上其他国家的人民证明其所采取的行动是正当的。[1]

三、情报可以支持政策吗

战略情报必须能够主动支持更高级别的官员——政策制定者和军事指挥官，而不能只是搜集和分析信息。美国国会也认可这项要求。然而，这并不意味着情报就是政策的奴隶，也不意味着它的职能只是生成政策制定者认为自己需要或希望听到的东西。不论从长期还是从短期来看，维持情报系统的独立性和诚实性都是至关重要的，因为这样可以帮助生成真正符合国家利益的高质量信息。许多人认识到，调整情报去迎合政策官员观点的做法是危险的，最终会给他们带来不幸。

事实上，几乎所有人在理论上都认为，我们需要一个独立且不带偏见的情报机构，它应当不受更高级官员的异想天开所支配，并远离政治。还有一个更加难以察觉且不太为人所知的问题，在情报努力为政策官员服务

---

[1] 要想仔细研读古巴情报评估，可以参见 Gil Merom, "The 1962 Cuban Intelligence Estimate: A Methodological Perspective," *Intelligence and National Security* 14, no. 3 (Autumn 1999): 48-80。

的过程中，应当确保它不会在无意中遭到扭曲。

如果官员正在考虑某个特定的行动模式，那么通常都会要求情报部门分析该行动的可行性，以及研究其可能产生的后果。或是军事指挥官在研究自己的手头选项时，会要求手下情报人员汇总他们手中可用的，可以支持各个行动模式的信息。也许没有任何人有意扭曲事实，但情报部门却会从可能可用的海量信息中，选择与拟议行动模式一致的信息，或是往往能让这个方案看起来更加可取的信息。也许是因为只要没人要求情报部门提供负向数据或反面信息，以表明另一种行动模式是更可行或更可取的，情报系统就不会主动这样去做；或者是因为没人要求提供情报失误时的潜在成本评估，就不会开展这项评估。因此，在无意当中，他们选择的事实在很大程度上可以支持某个已经受到青睐的政策，而那些潜在的不利因素却从来没有真正传递给政策官员。

历史学家托马斯·贝尔登（Thomas Belden）是情报系统的研究者，他提出"流程引证"（process adduction）的概念，其词源是"动词引证"（verb adduce，指的是提供事实、证据、实例等作为证据，证明所陈述的事物或为其提供支持）。他认为，这种分析或推理是情报流程中存在的一项风险，会导致情报流程和政策官员得出错误的结论，哪怕双方都是真诚地想要保持客观，想要选择最理想的政策也会如此。[1]

另一位在预警和决策问题领域享有盛名的作家也得出类似结论："一项官方政策或假设被提出之后，往往就会令人们看不到其他假设，并让支持它的数据得到过分强调，特别是在紧张局势日益加剧，因此必须'保持现状'的情况下。"[2]

---

[1] 他对预警情报文献所做的贡献，可以参阅 Thomas G. Belden, "Indications, Warning, and Crisis Operations," *International Studies Quarterly* 21, no. 1 (March 1977): 181-198。

[2] Roberta Wohlstetter, "Cuba and Pearl Harbor: Hindsight and Foresight," *Foreign Affairs* 43, no. 4 (July 1965): 701.

现在很明显，如果事实并不简单甚或难以解读，或存在真正的意见分歧，或政策层面正在想方设法证明自己已经开展的行动模式是正确的，这种错误造成的危害将是最高的。有一个一直持续不断的争论，正是可以阐释这个问题的重要例证，即到底谁对越南战争进程的解读才是正确的，以及统计数据是否遭到滥用，被用来辩称美国的行动模式是正确的，并被用来"证明"我们正在赢得这场战争。抛开解读中的偏见不谈，这个问题在很大程度上是因为存在以下事实："统计数据"本身太过薄弱，在证明真伪方面没有太大的价值；另外，即使我们已经准确掌握了北越军方的伤亡数字和补给损失情况，但河内已经下定决心，哪怕损失达到最令人震惊的程度，也要不顾一切地继续作战，这时数据就是毫无意义的。但在数据通过情报系统上报给总统之后，原本在搜集层面被认为极度薄弱的统计数据或事实，可能会获得很高的可靠性和可信性，足以证实美国政策是正确的。至少，许多对这个流程做出观察并提出批评的人员是这样说的。在情报或政策流程中，可能不会有人故意扭曲证据。它是多项因素的综合结果：首先是证据不充分或不相关，然后是解读过于简单化，另外就是往往只说上级想听的话。

一位研究古巴导弹危机的学者也对9月那份著名的《国家情报评估》做出评价，具体如下：

中央情报局最不愿言明的情况，就是总统最不想听到的情况。1962年8月22日，中央情报局局长约翰·麦科恩（John McCone）私下谒见总统，称怀疑苏联正准备将攻击导弹运入古巴。肯尼迪听了以后，觉得这是一个鹰派人士的猜疑……美国情报委员会（USIB）一致认同9月份的评估意见，此举其实反映了类似的敏感性。9月13日，总统宣称古巴境内没有发现苏联部署的攻击导弹，并承诺如果发现攻击导弹，美国政府必将采取行动。在国会多个委员会面前，美国政府官员否认有任何证据表明古巴有攻击导弹。但那份认为苏联正在将攻击导弹运入古巴的《国家情报评估》，对美国最高情报机构的成员还是产生了一些影响。[1]

（一）报告令人不快的事实或判断

情报部门最棘手的工作就是做出政策制定者不想听到的判断，尤其如果该项判断与某项现行政策相抵触，或是会让人质疑该政策是否愚蠢时更是如此。他们可能极不情愿（是可以理解的）提交那些需要政策官员做出艰难或危险决策的证据或征候，特别是有人质疑是否有必要做出这种决策。若无必要，他们一定不愿引起恐慌。

如果早期预警是充分的，那么潜在的结果会是决策者能够及时采取行动，提前阻止即将到来的军事进攻或其他威胁行动。在这种情况下，情报部门为国家做出的贡献将是最大的，因为它不但提供了准确的信息，而且在预防灾难方面发挥了重要作用。但讽刺的是，这一点可能永远无法证明，或者说至少在那些参与人员的职业生涯中是无法证明的。因此，在情报界取得最辉煌成就的时刻，其所提供的服务不但没有得到认可和回报，而且还会被说预警完全没有必要，或是根本就没有威胁。然而，这正是情报的风险和魅力所在。

（二）多早才算"早期预警"

如果对多年来的历次危机进行研究，可能就会发现，在很多情况下，一些预警原本可以更早发出，在某些情况下甚至可以再早一些。但在大多数情况下，这种预警必然是站不住脚的，在某些情况下，会被认为只不过是知识渊博、洞察力敏锐的分析人员感到不安，觉得一切都太不对劲或不正常。1962年春，在没有任何具体征候表明苏联正在古巴策划任何异常事件之前，一些分析人员的头脑中肯定已经浮现出这种不安的感觉，认为

---

[1] Graham T. Allison, "Conceptual Models and the Cuban Missile Crisis," *American Political Science Review* 63, no. 3 (September 1969): 712-713.

苏联正在策划着什么阴谋。1950年春，在朝鲜战争爆发之前几周，这种不安也许更加明显。政策制定者或指挥官会对这种预警感兴趣吗？他们会想知道精明干练、经验丰富并且极具想象力的情报人员何时感到不妥，但却不能真正拿出事实文件来支持自己的预感吗？这很难说，政策官员在这个问题上的分歧很大，可能超过在其他任何问题上的分歧。政策官员在回答该问题时的决定因素，并不是他们大而化之的泛泛兴趣，而是他们对特定问题或地区的特定兴趣。

总的来说，情报界往往对这种推测性报告持谨慎态度，至少出于以下两个原因。第一，这些"时评"毫无实据，往往是错误的，而且确实没有足够的信息来发出任何有意义的预警。第二，情报界担心政策制定者会要求提供"证明"，至少是某种支持性证据，而不是忧虑或直觉。

这种初步的推测性信息非常有用，即使它们没有送达政策官员手中也是如此。它们至少可以鼓励情报界进行更富有想象力的分析，也可以促成非常有效的搜集努力，还可以让原本会被忽视的相关信息浮出水面。

总的来说，如果可以就此进行总结，即在某些情况下，政策官员可以采取外交举措等初步行动，同时既不会招致重大风险，也不会要求投入大量资源，那么这时他可能最容易采信不太站得住脚的早期预警。如果届时他不得不重新部署军事力量或征召预备役人员，特别是如果他认为威胁并非迫在眉睫，或是认为己方行动可能导致敌人做出军事方面的反应并造成局势升级，他就不太可能做出如此迅速反应。如果潜在危险看起来仍然非常渺茫，而且可能需要对刚刚制定的国家政策进行重大调整，这时他就不希望收到这方面的预警。

（三）一致同意还是作注表示反对

事实证明，这是一个极有争议的问题。从理论上讲，所有情报机构的负责人都可以在所有《国家情报评估》和其他机构间文件上添加脚注，或以其他方式表达与大多数人不同的意见。同样从理论上讲，据说政策官员通常希望情报界能在重要问题上提供最坦率和最全面的意见，包括不同意见。但在实际中，情报界往往强烈倾向于在关键预警问题上寻求一致同意，而且在许多情况下，这种趋势还受到政策层面的鼓励，因为政策层面想要的是情报部门的一致立场。

支持一致同意的论点不容小觑。人们似乎是这样假设的：如果将所有可用事实都罗列出来，再由思维理性的人员进行彻底审查，而且所有人都愿意听取他人的观点，那么分歧确实可以得到解决，并达成真正的一致意见。因此，最终达成的一致意见，实际上被认为是人们可以获得的最好和最准确的意见，也是所有人都认可的意见。此外，有人认为，自相矛盾或尚未解决分歧的意见，并不能在政策制定者需要时提供真正的帮助。在需要国家采取行动的关键问题上存在意见分歧，并不能帮助规划人员选择最优行动模式。如果情报界不能确定证据的意义到底是什么，政策制定者又怎能做出有意义的决策呢？如果他要求情报界做出"最优判断"，那么确实是他有权得到的东西。

当然，如果事实证明，一致同意的立场确实是正确的，并且一致选择的政策行动模式也是成功的，此时这些论点就是极具说服力并且非常有效的。这种情况可能大部分时候都是真的。情报判断完全错误的情况非常罕见，即使部分有错，其结论也可能不会真正对决策或行动模式造成太大的影响。显然，只有在事实证明一致同意或多数同意的情报立场是错误的，并且导致政策出现重大错误的情况下，一致同意这种做法的谬误或缺点才会变得显而易见。这往往会让那些真正不同意但被迫附和多数的人感到痛苦，也会让他们在回顾前情时感到极度遗憾，后悔自己没有更加极力地宣扬自己的论点，也没有更加极力地坚称自己有权不同意。在这些情况下，显然政策制定者希望自己当时征求了少数人的意见，特别是听取他们的异议和理由，因为这些原本可以让自己避免做出错误的决策。

在可能的情况下，情报部门希望可以形成一个一致同意的立场，但如果存在真正分歧，这样做几乎肯定是弊大于利。一致同意的判断往往只是掩盖了真实并且严重的意见分歧，而且如果不对政策制定者做出详细的说明，他们可能根本不会意识到这些分歧的存在。此外，如果达成一致同意的妥协判断，那么这种判断往往会毫无实质内容，或者使用含糊不清或有附加条件的陈述，根本无法让人了解局势的严重程度。事实上，之所以选择"敌人可能正在考虑发动进攻"或"这些部队的能力很强，可在必要时实施武力干预"等语句，只是因为对于相信和不相信进攻可能发生的人员来说，它们属于中立的语言。在这些情况下，如果我们可以阐明而不是压制真正的意见分歧，以及出现分歧的原因，那么政策制定者将会得到更加优质的信息，以及更加良好的服务。

（四）沟通是双向的

本节从情报界的角度来探讨这个问题。它尝试让情报分析人员了解政策制定者想要什么，以及如何为其利益服务等问题，但几乎可以肯定介绍得不够充分。但这只是问题的一半。也许更加重要的是，政策官员必须清楚，在自己希望情报界提供的信息中，哪些是应该提供的，哪些是不应该的，也要明白自己应当与情报部门一直保持沟通。管理和政策层面必须与情报界的工作层面进行有意义的沟通，否则彼此之间必将产生误解。为确保可以从情报界获得最充分和最准确的支持，政策制定者应当：

- 征求少数和异议意见，并请他们陈述哪些事实可以支持此类异议意见。
- 尽可能提供解释，用以说明需要这些信息的原因，以及这些信息的用途。
- 确保信息（包括情报和作战行动的材料）不会被情报人员以不必要

的方式隔离或瞒报。
- 提出正确的问题。

四、估计概率

多年来，情报界一直关切"如何让所做判断更加精确，且对政策制定者来说更有意义"这个问题。有种方法颇受重视，即在评估外国可能采取的行动模式时，使用口头或数字格式表述概率。

（一）估计概率的词汇

这个术语出自谢尔曼·肯特，他多年前就已经开始研究"有可能"（possible）、"很有可能"（probable）、"可信"（conceivable）、"不太可能"（unlikely）等各种不同的词语，对不同人群来说到底意味着怎样的数学概率。令他感到震惊和错愕的是，他发现人们对这些词语以及其他类似词语 [包括各种修饰"可能"的词语，比如"只是有可能"（just possible）或"明显有可能"（distinctly possible）] 的解读差异极大，那些以合作方式编写《国家情报评估》的人也是如此。[1] 于是，他尝试使用一系列词语和短语来表达某种特定的可能程度，并将其中一些词语和短语归为同义词。他曾指出，这些初步努力没有得到普遍认可，那些被他称为"诗人"[2] 的人

---

[1] Sherman Kent, "Words of Estimated Probability," in *Sherman Kent and the Board of National Estimates: Collected Essays*, ed. Donald P. Steury (Washington, DC: Center for the Study of Intelligence, 1994), 132-139. 关于这些术语的讨论，还可参阅 *Psychology of Intelligence Analysis*, ed. Richards J. Heuer, Jr. (Washington, DC: Center for the Study of Intelligence, 1999), 154-156. （中译本《情报分析心理学》2015 年已由金城出版社出版，2025 年推出第 2 版。——编注）

[2] 谢尔曼·肯特主张以精确百分比对不同词语表示的概率进行量化。但有人表示反对，将这种做法贬斥为是在"赌马"，而肯特反击称："我宁愿赌马，也不当诗人。"——译注

员更是不予认可,另外他的建议也没有得到《国家情报评估》的正式认可。以下是对常用估计术语所对应百分比的一种解读:

表 8-1

估计术语	概率百分比
几乎肯定(near certainty,及其同义词)	90%—99%
很有可能(probable,及其同义词)	60%—90%
一半机会(even chance)	40%—60%
很不可能(improbable,及其同义词)	10%—40%
几乎不可能(near impossibility,及其同义词)	1%—10%

在这种用法中,"也许"(perhaps)、"可以"(may)和"可能"(might)等词语被用来表达更低的概率,而"有可能"(possible)一词,如果使用时不做进一步修饰,通常只能在"某个判断虽然非常重要,但无法给出精确的概率数值"的情况下使用。

预警文件中最常用来表示较高和较低概率的术语是:

表 8-2

高	低
我们相信(We believe)	我们相信不会(We believe...will not)
我们得出结论(We conclude)	我们不相信(We do not believe that)
很有可能是(It is probable that)	不太可能会(It is unlikely)
很有可能会(It probably will)	很可能不会(It probably will not)
很可能会(It is likely)	

征候分析人员绝对不会偏好使用"一半机会"或"概率大致相当"等短语,来表达差不多一半对一半的概率,也许是因为他们认为预警文件本就应该做出判断,而不是"抛硬币"。最后,征候分析人员还会使用"有可能"(possible)、"可以"(may)和"将会"(could)等词语,以及带有

"可能"（might）和"将要"（would）的条件句，此时他们几乎不会尝试定义想要多大程度的可能或不可能。

（二）概率信息处理

以上尝试是根据词语对不同人的真正意义，将关于概率的口头陈述直接转化为百分比。相比之下，开展概率估计的第二种方法，没有太多人理解和接受。第二种方法更加复杂（有人会说科学得多），涉及具体的方法论和某些特定方法在信息分析中的应用，目的是得出更加有效和可靠的概率判断。此类方法，尤其是其中一种被称为概率信息处理（probabilistic information processing）的方法，近年来成为大量研究和实验的主角。首先必须强调的是，这个讨论不涉及概率论中的数学部分，即使是最简单的形式也不会涉及。它不会涉及构建"概率树"和"决策树"或其他具体的方法。如果人们对概率估计工作中的这个方面比较感兴趣，自己便可找出大量文献，这些文献提供的相关描述，远比笔者尝试呈现的更加全面，也更加专业。我们将探讨关于这些方法的更加一般性的解读，特别是它们在专门用于预警情报时的明显优缺点。和其他方法一样，概率论也可应用在情报分析当中，此做法从理论上讲能够为分析人员和用户提供帮助。具体方式如下：

- 应用特定概率方法来处理分析人员手头的信息，以此帮助分析人员做出更准确或更有效的判断；
- 让分析人员能够以更加精确、更不模糊和更易理解的术语，向用户传递这些判断。

（三）情报中概率估计的复杂性

很明显，情报问题与通常属于概率分析范畴的问题之间存在许多差异。大多数情报问题都是如此，预警问题更是如此。尽管大部分此类差异是一目了然的，但我们还是在此列举一些：

- 大多数概率估计都是针对相对简单的事件进行的，因为关于这些事件往往会有相当大的数据库，比如天气预报、精算表，甚至赛马记录。情报预测，特别是预警等预测都是根据许多类型的数据做出的，其中许多数据相当复杂，而且从某种程度上讲，每次发生的事件都是独一无二的。
- 基于简单或统计数据进行的概率估计，在很大程度上是客观的，不受个人偏见的影响，但情报判断却是高度主观的。虽然可能准备一些统计或历史记录，用来提供一些更加客观的基础，让我们可以据此做出预警判断，但分析人员通常还是依赖对历史经验的不精确回忆或主观感受。
- 在情报中，尤其是在预警中，必须根据不完整的数据，以及可靠性不明或可靠程度不同的信息做出判断。
- 情报预测（特别是预警判断）在很大程度上取决于对人类决策所做的评估，这些决策可能已经做出，也可能尚未做出，但无论哪种情况，都将是极其复杂和多变的，并在某种程度上是不可预测的。

概率理论家承认情报判断的主观性质，并不会尝试使用客观概率（objective probability）这门科学，去研究本质上是对事件发生概率所持的观点。相反，他们会使用主观概率（subjective probability）理论，而这种理论可以追溯到 18 世纪初概率论刚刚起步的时候。主观概率是一个人相信某个事物的程度，即他相信某个事物为真的确信程度。正是在这个意义上，概率论可以用于处理情报分析人员做出的判断。

（四）概率估计的优点

不论使用什么方法得出最终结果，甚至不论使用什么形式来表达结果，只要尝试对概率做出判断，那么这种做法对情报分析来说就是相当有用的。为什么会这样？原因有很多。如果使用概率估计，那么在表达事件发生的概率时，不论最终是否使用数字、百分比或口头讲解，都可以获得一些优势。然而，大多数支持概率分析重要性的人员，正是倡导使用数字做出估计的人员。关于这些方法，笔者所能看到的优势，或是其支持者所宣称的优势包括：

- 情报预测的分析人员或编纂人员需要对概率做出某种判断，具体来说，就是需要在预警情报中，对意图做出某种判断。因此，他们不能犯下预警中最常见的"罪行"，即提出几种可能的备选方案或行动模式，但不说明哪种最有可能，只报告"事实"或陈述敌人的能力，却不对可能发生的事情做出任何判断。

- 反过来，政策制定者或指挥官会收到一些关于相对概率的估计，帮助自己确定最优行动模式。分析人员与政策官员之间的沟通问题可以得到改善，因为结论不再那么模糊不清。

- 这种方法可以提供帮助，确保重要信息不会因为与假设不一致而被忽略或掩盖。它让分析人员可以检查他们所做估计的一致性，可以向人们解释或展示结论是如何得出的，还可以增加人们对结论有效性的信心。

- 它可以帮助提出更好且定义更加明确的假设，这样每个人都可以讨论相同的假定紧急事件。

- 因为分析人员必须考虑信息与所有假设的相关性（不能仅仅是自己偏好的假设），所以他的偏见较少，并且这种方法往往可以把对新数据的分析与先入之见区分开来。

- 分析人员倾向于认为更多的数据是具有潜在相关性的。
- 研究表明，这种方法可以克服概率估计中的保守主义，并可在收到确凿的正向或负向（诊断）证据时，引导分析人员更好地修正概率。他们通过此方法得出的概率，将比直接得出或通过直觉得出的结果更高，有时甚至会高得多。这显然非常适用于预警工作。
- 这种方法可以暴露那些逻辑上与他人不一致的人员。这些人会对其他人认为是正向的数据做出负向的解读，或是反之。
- 对概率做出判断的流程可以指出并突显意见的分歧，否则这些分歧可能根本不会被发现或承认，或者即使被发现，可能也会为了表面上的"一致同意"，而使用不精确或模糊的语言来掩饰分歧。
- 如果这种分歧变得明显，他们就希望尝试找出产生分歧的原因，弄清楚为什么一个人认为给定的行动模式是很可能（比如 60%—80% 的概率），另一个人却认为它的可能性较低（也许 35%—45% 的概率），还有一个人认为它是非常不可能的（10%—20%）。顺便提一下，意见分歧在征候和预警领域并不罕见。
- 尝试调和这些分歧的流程，可以迫使人们努力解释自己为什么会这样想，即根据哪些证据、先例、先入之见或"预感"得出自己的观点。
- 这个流程可对我们提出意见的依据进行复核，应当会导致人们对证据进行复核。我们已指出，对可用信息进行细致审查的做法，对于预警来说至关重要，而未能审查所有证据正是预警失误的一项主要原因。在讨论的过程中，可能会出现这样的情况：有些人会在完全不掌握某些特定信息的情况下做出判断，而另一些人却认为只有这些特定信息才是绝对重要的证据（这种情况并不罕见）。

（五）概率估计的潜在缺点

为了不让读者以为概率估计是我们在情报工作中向"神明"祈祷后得到的答案，或者以为这种估计可以为我们提供那种众所周知的预言"水晶球"，我们应当强调一下这种方法论的局限性，甚至是正向的缺点：

- 没有哪种方法论可以替代充分的信息，以及该领域的高水平专家对其进行的分析。解决方案是不得将原始信息交给概率理论专家进行分析；此分析必须由该领域的实践专家进行。

- 如果过度关注分析和概率论中的数学部分，很大程度上会产生反效果。如果信息从一开始就不充分或不精确，那么无论数学部分有多精巧，也不能提高估计的水平。使用统计方法只不过是让数据看起来比实际更加准确而已。

- 如前所述，只有在离散形式的证据足够多的情况下，这种方法才是有效的。

- 将概率论应用在情报分析当中的做法，并不会消除估计中的主观性。虽然这样可以帮助减少估计的主观性，或是增加它的客观性，但在这个程序中的所有阶段，分析人员都在做出判断；虽然这些判断无法被经验验证，但也都是分析人员的经验、态度，以及在该领域专业知识的产物。

- 要想得出诚实且有意义的结果，关键在于必须充分选择用来开展研究的数据，而且在理想情况下，要选用所有可能与问题相关的可用数据。学校讲授的概率理论或回顾性分析，其问题在于无法涵盖所有数据（包括情报分析人员实际上必须考虑的所有虚假或不相关的数据），将会导致结果出现极大的偏差，或是给人的印象与实际情况完全不同。

- 想要彻底有别于那些更加传统的分析方法，必须以实时的方式开展这项工作，去处理实时发生的危机。对数据进行事后分析或回顾性再分析的方法，在估计概率时的准确程度将远远大于实时情况。虽然这种做法可以让人看到概率方法明显优于分析人员直觉判断，但它是错误的，因为分析人员感受到的氛围、不确定性和压力等因素，是无法真正重现的。有时，开展回顾性研究的原因，正是人们对问题的认识过于简单而非复杂。

- 在实时危机当中，时间只允许分析人员处理传入的信息流和满足突发要求，除此之外不再承担任何额外的任务。如果时间允许，分析人员自己就可以获得更好的结果，即使没有受过关于概率方法的培训也是如此。

- 使用这些方法，其实并不能彻底解决情报各机构之间，或同一情报机构内部不同部门之间沟通不充分的问题，然而这个问题正是危机分析不充分或不完整的主要原因。这种做法往往会忽略（关于未发生动向的）真正的负向征候（对于预警而言）的重要性。或许有一点非常重要，似乎我们并不确定使用概率论来处理情报数据的做法，是否可以缓解我们无力抵御欺骗的局面，事实上这可能会加剧这种局面，因为对抗欺骗就要否定一整套看似可靠的征候，并认为它们与所研究问题毫不相关，或具有截然相反的意义。

（六）分解问题

看起来，使用概率方法处理情报和预警分析的做法可能是最有效的，因为该方法可以将一个或多个问题分解成许多组成部分，而这些组成部分其实就是征候。笔者认为重要的一点是，该方法只是鼓励人们开展这种类型的分析，其重点并不在于应用统计方法这件事本身。此外，最终结果显示的概率到底是75%还是65%，其实一点儿也不重要。重要的是，我们已经对证据进行了更有条理的审查和解读，对信息的重要性进行了更加彻底的意见交流，对真正的分歧所在有了更加清晰的理解，并得出既符合逻辑又很可靠的最终结论。或许有一种可能：在这些流程中，我们既不必了解任何关于概率或决策分析的现代方法，也不必使用这样的方法，但最后却可以得出基本相同的结论。然而，作为分析人员使用的工具，这些方法似乎确实具有某种优势。而且，因为人们愈加关注这些方法，所以分析人员也会想要对它们有所了解。

（七）贝叶斯定理

有一种经常被用来处理情报问题的方法，那就是贝叶斯定理（Bayes' Theorem）。用最简单的话来解释，这种方法可以让分析人员在收到新的信息之后，对其重要性或相关性进行评估，再根据评估结果不间断地算出新的概率数值，用以表示事件发生的可能性。这种方法需要在一开始设定两个或两个以上的假设，比如：X 国将对 Y 国发动大规模进攻；X 国将对 Y 国发动有限进攻；X 国不会进攻 Y 国。（这些通常正是预警情报必须处理的紧急事件。）另外还应当规定时间限制（6 周、6 个月、1 年）。

这种方法要求为每个假设分配一个初始概率，比如：将会发动大规模进攻（20%）；将会发动有限进攻（30%）；不会进攻（50%）。假定人们可以毫不费力地就这些百分比达成某种共识，但在实践中可能并非如此。如果不同人员在开始分析时使用不同的初始概率，那么他们后来得出的概率，就会显示出相应的差异，即使他们对后续证据所做评估的结果往往都很相似。

接下来，这种方法会逐条审查传入的信息，并评估它们的可靠性（如果信息并非既定事实），以及如果某个假设为真时，它们会发生或不会发生的相对概率。然后，借助一个简单的数学公式，使用分析人员得出的概率比来处理先前的概率，这样就可以随着新信息的持续传入，不断调整概率。倡导这种方法的人员指出，它有两项主要优势可以胜过传统评估方法：第一，分析人员能够更好地评估每条信息的重要性或相关性，而不是评估一大堆信息的总体重要性；第二，这种方法可以减少（尽管不是消除）个人偏见，具体做法是让分析人员或团队将关于新证据的评估，与关于假设的先前意见区分开来，并对相对概率而非绝对概率做出判断，将最终概率留给数理逻辑来处理。想来，得出的概率估计或许比通过其他方法或更直接的方法得出的结果要高得多，或低得多。这种方法有一个非常关键的步骤，分析人员必须系统性评估每条信息，并权衡其诊断价值或说服力——简而言之，就是在预警中，真实地估计征候的价值。

显然，贝叶斯定理在复杂预警问题中的应用，绝非上文介绍的那么简单。首先，关于特定信息的可靠性，以及因此对其重视的程度应当多大（如果确实重视的话）等问题，可能会存在巨大的意见分歧。比如在战斗序列这种关键信息上，往往就是此种情况，因为在紧张局势加剧和部队调动更加频繁的时候，传统评估方法通常要比征候方法更加保守。因此，有些信息即使还没得到"证实"，预警分析人员也会认为它们是重要且具有相关性的，并予以采纳，但战斗序列分析人员却可能认为它们并不符合自己的采信标准，因此并不值得考虑，并加以否定。其次，在选择和评估传入信息的流程中，还存在许多其他问题，但如果必须引入主观判断，那么任何方法都将无法解决这些问题。最后，如果是两名分析人员或两个分析小组（其中一个的方法是传统或保守的，而另一个更富有想象力或"以征候为导向"）独立地应用这个定理，可能就只能从统计学的角度去证实那些已经非常明显的事情，因为他们的观点会有极大的分歧。有人指出，如果分析人员使用概率比来分析某些动向，并且得出的概率数值高到让自己感到不安，那么他就会调低估值，以得到一个更符合自己对此事真实"感受"的数值。

由于预警分析人员的工作就是审查和评估征候，如果他们倾向于完全以数字概率的方式进行思考，那么使用贝叶斯定理得到的结果，至少会是与使用征候汇编和分析等方法时一样的较高概率。

某大学对非情报问题展开的实验表明,分析人员在收到大量正向信息并对其评估之后,如果使用的是贝叶斯定理,那么通常得出的事件发生概率,会比他们通过直觉判断得出的新概率要高。换言之,使用这种方法往往可以让他们在开展评估时不再那么保守。将同样的理论应用在情报问题上,人们就会得出一个合乎逻辑的简单结论。如果大量高度可靠的正向证据可以表明有大规模的军事能力集结,同时也有大量关于政治和宣传的正向征候,这时使用贝叶斯定理开展分析,显然应该能够得出最高的概率。因此,这种方法似乎更适合针对事实和累积征候开展分析,不像其他预警方法那样,更加重视目标国家过去的表现,以及对其领导人的观点和他们将要承担的风险所做的评估;另外,众多的"正向征候"可能只是虚张声势,也可能是应急准备或展示武力。

(八)德尔菲专家调查法

这是另一种旨在推动以更客观或更科学方式进行分析的方法。德尔菲专家调查法(Delphi Procedure)使用团队方法,但试图克服几乎所有团队都存在的不良倾向:一个或几个人因为自己的级别和官职较高,自恃专家,性格强势或是讲话滔滔不绝等,便可以主导整个讨论。因此,它从一开始便要求参与者提供匿名意见。这是一项明显的优势,因为可以鼓励那些畏惧上级或不愿表达观点的人做出独立判断。接下来,它将匿名回答反馈给参与讨论的人员,或者可能会要求其他人提供匿名意见,然后团队最初成员就可以进一步开展思考,并根据思考结果来修改自己的评估。这种方法可能确实会使种种个人观点不断向一起靠拢,最终形成一致意见,而且往往还可以防止人们迫于权威意志得出结论。就这种情况而言,它可以帮助开展征候分析。与此同时,它并不是要消除团队的趋同倾向,另外它也可能会鼓励过多的人员在自己并未开展深入分析的问题上投票。因为有人会在没有审查所有证据的情况下做出临时起意的判断，而这种判断正是我们在预警方面面临的一项主要问题，所以显然在这种讨论框架中，我们在使用这种方法时应当保持谨慎。事实证明，通常情况下，一个预警分析人员得出的独立观点，会比任何数量人员达成的共识或审查其他众人观点后得出的结论更准确。

（九）低概率和重大危险

在预警工作中，我们需要研究本国和盟国面临的一系列潜在危险，其中一些对我们利益的损害可能微乎其微，但另一些却可能是灾难性的。关于那些对我们利益危害相对较小的威胁，有一个例子是破坏军事仓库，当然还是应该发布预警。显然，在所有潜在灾难中，最严重的就是对美国及其盟国发动全面核攻击。

从抽象的层面来看，我们分析任何一个给定事件时，无论是以百分比数字，还是使用描述性短语来估计它的发生概率，此时如果另一个事件也具有相同的概率，那么看起来二者便具有相同的权重或重要性。由此，如果我们认为某个国家在次年内建成一条通往边境的新公路的概率大约是"一半机会"，或认为该国在同一时期发动进攻的概率大约也是"一半机会"，那么二者大概具有相同的置信度，并将对政策制定者产生相同的影响。当然，我们以这种方式介绍这个问题，目的仅仅是让读者看到，这两种关于概率的陈述尽管字面上完全一样，却向决策者传达了截然不同的内容。显然，之所以会出现这种差异，是因为两种行动模式的重要性和潜在危险是不同的。

在某些情况下，即使使用正向术语来提升事件的发生概率，不论前提条件是什么，都可能成为最严重的预警。许多人员都反对一种情报评估：虽然它提出相应证据和逻辑，认为敌人不会开展敌对行动，但随后补充"我们不能完全排除敌人将会发动进攻的可能性"等话语。大多数情况下，人们都会反对这种评估，理由通常是这种评估的编纂人员尝试为所有意外事件投放保险，这样无论发生什么事情，他们都能够宣称自己已经预测到这一点，只是概率极低而已。统计学家可能不会使用这种措辞，因为它并不精确——你说的"不能完全排除"到底是多大的概率？许多人会说这个短语毫无价值，因为它没有向预警受众通报任何事情；另外人们还会说，根本不存在可以完全排除的偶然事件。但假设我们说"不能完全排除（在下个月、六个月、一年或任何时间框架内）美国遭到核攻击的可能性"，又会怎样？仅仅是提及这种可能性的做法，显然也会带来最为不祥的预警，让情报界产生最为严重的担忧。即使在古巴导弹危机期间，也从未做出这样的情报判断（不论是出于"保险"还是其他任何原因）。

简言之，决定预警判断对政策制定者是否重要的因素并不是概率本身，而是假设敌人采取行动所造成的潜在后果。有些危险，即使以任何概率量度来表示都是极不可能发生的，仍然需要决策者予以最认真的考虑，并可能需要采取行动。出于这些原因，情报界在这种危险情况下对证据及其预警或结论的措辞的重视程度，将远远超过不太危险的情况，而且理应如此。情报界在这些情况下的谨慎程度，往往也会超过潜在后果不太严重时的情况。

（十）其他影响预警概率的因素

在笔者看来，预警的概率估计中似乎存在一些缺点或局限性，但我们可以将上述方法与本书其他章节提出的某些征候分析方法相结合，从而克服这些缺点和局限性。我们还提出一些指导原则，用于在发布预警时对证据的意义进行评估。我们将这五项基本指导原则稍加减缩，具体如下：

1. 对方国家领导人是否下定决心，务必实现既定目标？
2. 如果采取军事手段，该目标是否可能实现，或者说局势是否可能得以缓解？
3. 军事能力是否存在，以及（或者）军队集结的规模是否符合军事学说中足以开展进攻行动的标准？
4. 政治选项是否用尽？
5. 风险系数是否较低，或者至少是可以忍受的？

如果目标国家领导人遵循理性行动模式，那么根据上述问题的答案，我们应该可以判定该国是否选择军事行动。我们已经强调过，如果上述问题的答案都是"是"，那么采取军事行动的概率应该会很高。如果使用概率方法论来处理决策问题，就可以考虑到各种行动模式中存在的潜在损害或风险，比如上述关键问题就是如此。因此，高风险系数往往会压低目标采取军事行动的概率，即使所有其他问题的答案都是肯定的也将如此；当然，除非该领导人极度渴望获得问题的解决方案，并因此愿意承担相关风险。或者，除非他们低估了风险，就像赫鲁晓夫在1962年时那样。

如果使用贝叶斯或其他概率方法来分析特定征候，以及使用上述问题来分析每条相关信息，可能都会是有用的，至少在实验中都是有用的。就是说，我们将评估每个相关的军事征候，以确定敌方军事力量集结是否更加接近兵力和部署等方面的必要标准，足以发动进攻行动。我们也将评估每个相关的政治动向，以确定敌方领导人更有可能或者更不可能致力于实现相关目标，以及认为手中政治选项已经用尽。

（十一）结论

概率方法的最大用途，在于要求分析人员或团队以更加彻底和更加客观的方式去审查证据，帮助他们以更加清晰的方式去区分哪些证据与各种假设是真正相关的，以及哪些证据是真正不相关的。最终可以得出什么样的精确数字概率并不重要，重要的是分析流程必须彻底，必须尽可能摆脱先入之见和主观意见。使用数字概率来表达最终判断的做法会有帮助，但如果得出判断的过程是草率的或不精确的，或是基于太少的信息，那么最好不要做出精确的百分比判断。

在事后概率研究的支持下，我们可以通过逻辑方法推导出结论：如果我们收到大量正向证据，但并没有据此得出关于概率的确定判断，此时概率方法才会提高情报判断的质量。如果证据不足，也没有具体的关键数据，我们便无法确定这些方法是否可以提高得出的概率或判断的质量。例如，有一项研究是使用贝叶斯定理来分析古巴危机前的可用证据，结果发现这种方法并没有让我们就苏联将向该国运输战略导弹一事做出正向评估。然而，它确实认为1962年10月第一周结束时（导弹被发现的前一周）的概率应该是"一半机会"，而且显示之前几周的概率正在稳步上升。根据这种方法判断，9月中旬反对战略导弹假说的概率已经超过3比1（这与《国家情报评估》做出的判断一致），表明在大约3周的时间里，概率发生了巨大的变化。看起来，似乎很难说概率在我们评估作战行动时间时真有太大的帮助，或是很难说它真的可以帮助我们抵御欺骗。

第 9 章
改进预警评估

一、影响判断和报告的因素

预警情报当然不是凭空生成的,它不能脱离情报流程中的其余部分,也不能不受任何数量的其他因素的影响。这些其他因素可以决定什么才是"事实",甚至有时可以决定应该上报哪些事实——至少在某些情况下确实如此。下面一组概念虽然远非一份详尽清单,但也强调了一些足以影响判断的更加重要的因素。

(一)"舆论氛围"

"舆论氛围"指的是在任何一个国家里,人们对任何重大问题的主流态度;而为了本书探讨的目的,具体来说,它指的是人们对其他国家和特定国际问题所持的态度。一个国家的政府内部对这些问题的意见,不一定与民意调查中的观点相同。虽然二者迟早都会并行不悖,但在感知其他大国所持的态度或意图方面,不论这种意图到底是敌对还是顺从,本国政府的政策和情报部门的意见有时会远远走在公众舆论的前面。此外，政府的行政部门在这方面拥有极大的优势，可以通过外交活动去影响或改变其他国家对本国的态度。虽然国家领导人最终会对公众舆论做出响应，但也可以采取多项措施去打造公众舆论，短期内甚至会在国际问题上与公众舆论背道而驰。提及此事，只是为了强调对于政府及其情报部门来说，情况并不是像人们讨论此类事件时偶有所指的那样，只能被当时的主流"舆论氛围"支配。在很大程度上，他们可以有一个独立的"舆论氛围"，也可以采取许多措施去打造公众氛围。与此同时，在一个民主国家里，在重大国际问题上，政府和公众的意见不太可能长时间存在很大的分歧。关于其他国家及其领导人的意图，情报部门的观点也不太可能与公共媒体或其他受过良好教育并且了解情况的公众所表达的观点大相径庭。

即使秉持最大的善意，保持开放的心态并以客观的方式去评估证据，也很难抛开关于他人行为的先入之见。即使人们真有能力做到这些，也可能极难说服他人。这种氛围可能会缓慢改变，也可能需要一些剧变，甚至是一场全国性的灾难，才能让修正后的"舆论氛围"得到人们的普遍认可。但在被认可之前，关于它的征候可能很难被人发现，即使它们在数量和质量上都很可观也是如此。

毫无疑问，1950年，对于朝鲜将会进攻韩国等观点，情报圈和政策圈的整体氛围是表示反对，不愿采信。笔者认为，不能将这种氛围归因于一种错觉。当时之所以会形成这种氛围，主要还是出于其他许多因素，其中包括：当时缺乏对有限战争概念的认识；美国情报部门在征候分析方面缺乏经验，在开展机构间的合作和分析方面存在不足；在某种程度上，美国政策和军事领导人不愿采信情报，因为这要求对政策做出调整，另外情报部门也不愿告诉他们其实应该这样做。（美国存在一个重大的指挥和控制问题。人们对麦克阿瑟将军心怀敬畏，而他不愿听从华盛顿的指示，这些正是可用的情报未能对政策产生影响的主要原因。)

(二) 重大危机或情报失误的近因效应

没有什么比一场未能预测到的重大危机，或是对征候做出不充分评估的重大危机，更能提高预警情报的地位，或是让上级机关更加认可征候分析。几乎无一例外的做法是，首先进行事后分析，以确定我们到底是哪里弄错了，然后成立特别委员会，以复核证据，此时采用的便是征候情报分析方法。即使征候质量不高，或高度矛盾，或敌人的行动模式确实不合逻辑，这时调查或其他评估通常也会设法充分利用各种信息碎片，比如传入时没有得到充分重视的信息碎片，或是针对敌人确实已经采取了某种行动模式的情况，向我们证明此事可能性的信息碎片。在这种情况下，对征候做出判断的依据不一定是这些征候的每一项优点，也不是其与事件全貌的关系，而是它们是否真的被收到了。此时，这位预警分析人员，如果事先已对事件做出预测，或是编纂了一份令人印象深刻却遭到忽视的征候清单，将会脱颖而出。以前无视他的人会来拜访他；他阐述观点的作品突然会很受欢迎；他会被要求参与事后分析或其他研究。他的预警指标清单会被拿出来继续修改，也会有更多的用户想要得到这份清单。相关人员会向管理层做出保证，情报流程将不遗余力地确保这种预警"失误"不会再次发生，并将仔细检查每一个征候。从现在开始，我们将从"最坏情况"的视角去看待一切。

如果这种情况能够一直持续，一切都将是令人兴奋的。但它可能只是昙花一现。与此同时，情报流程可能会出现巨大的变化。舆论氛围已经改变。人们确实非常担心，害怕最近此次突袭的发起方可能正在策划更多的恶行。每种征候都可能受到比以往更多的关注，以前被认为等级过低而不值得考虑的征候，现在也受到关注。我们已经启动更多的搜集工作，以确保没有遗漏任何东西。其他国家突然意识到这场危机，开始向我们提供大量的原始信息和初步分析。总的来说，这是一种乐于采信预警的态度。原本从来不会向上级机关报告的事情，现在会被认为是值得他们关注的，以免有所遗漏。

以上讨论并不是想说情报部门在这些情况下开始发疯了，而只是说氛围发生变化之后，确实让人对征候分析的价值有了全新的认识。这种新的认识在很大程度上来自更高级别的政策官员。有时，预警分析人员也会对氛围的变化感到震惊，并发现自己的职责变成试图去抑制人们的焦虑。有一个相关事例，在出兵捷克斯洛伐克后，关于苏联意图的舆论发生了颠覆性的变化。许多对苏联此番行动感到最意外的人员，即最难采信关于此次行动征候的人员，突然成为最担心苏联现在可能出兵罗马尼亚的人员。一位高级情报官员指出，我们错在没有对捷克斯洛伐克采取"最坏情况"视角，所以现在必须对罗马尼亚采取这种视角。但奇怪的是，几乎没有任何证据表明苏联在与罗马尼亚接壤的边境地区集结军队，也没有征候表明苏联正在向匈牙利增派军队或向保加利亚派遣部队。因此，相比苏联出兵捷克斯洛伐克之前的那种大规模战斗部队集结，这里的军事态势几乎截然相反，关切程度也完全不需要像关注捷克斯洛伐克局势时那样——然而，在苏联对罗马尼亚的军事意图这个问题上，上述事实并不能让人放弃对这种意图的长期关切。如果在苏联出兵捷克斯洛伐克之前也有同样的氛围，那么毫无疑问，我们对苏联意图的判断将会更加确定。

这种现象正是危机的特征。在古巴导弹危机发展到最严重的时候，那些正常情况下原本不会报告给上级机关的信息碎片开始浮出水面，被直接报告给白宫。通常情况下，分析人员无法解读这些碎片的重要性，就会推迟评论以待更进一步的信息，但上级机关会鼓励他们报告所有信息——哪怕它们非常站不住脚，只是具有潜在重要性。

在这种情况下，显然任何征候都不太可能被人忽略。事实上，人们往往会反其道而行之：为相对不重要或未经证实的信息赋予不应有的重要性，并在证据少于正常情况时发布预警，称可能会出现恶性动向。他们的结论中可能出现"虽然我们没有证据（或确定的征候）表明 X 国会进攻 Y 国，但前者可能会在几乎没有预警的情况下进攻 Y 国"这样的语句。

（三）情报机构负责人和政策制定者的态度

在决定报告哪些情报以及如何报告方面，上级机关的态度和要求显然起着非常重要的作用。如果政策官员的级别足够高，就可以在合理的范围内，要求情报界针对一切问题，开展几乎所有类型的研究，而且他们通常都会得到及时并且优质的反馈。当然，许多此类研究具有长期和深入的性质，旨在帮助决定军事政策的研究更是如此。其他许多要求则可以通过专项简报或分析文件等形式得到满足。如果需要进行分析性的机构间评估，那么此类要求通常可以通过《国家情报评估》特刊予以满足。从某种程度上讲，政策官员某些持续的特别兴趣，可以反映在每日刊发的情报报告中。在预警这个特殊的领域，情报机构负责人和政策官员通常可以要求监视委员会或类似分析小组召开特别会议，或是要求他们在日常报告中考虑特定的问题或地区；这时可以不必考虑操作规章中的明文规定。

为了能够获得自己需要的情报，政策官员可以做的最重要的一件事情，就是直接提出正确的问题。要想吸引人们关注或报告某个问题，在工作层面无论多么勤奋或主动，也无法媲美高层提出几个明智的问题，或是希望针对特定方向开展研究的要求。许多分析人员都曾设法在系统中向上推送某种论点或分析，却是徒劳无功，除非一些政策官员表达了对相同问题的兴趣或是提出了相同的论点。同样毫无疑问，如果情报和政策领域的高级官员深入阅读了大量文献（"做好功课"），通常就能提出最精辟的问题。那些对本国情报机构天然抱有不信任态度的人士（比如温斯顿·丘吉尔），有时反而最能促使这些机构发挥出最大程度的创造力和想象力。如果官员能够对富有想象力和洞察力的分析做出响应，或是并不排斥呈交给自己的此类分析，他们才最有可能收到有意义的预警判断。如果官员过度要求证据，或是除既定"事实"之外对任何东西都不屑一顾，他们可能就会阻碍此类分析或推理，但对有意义的预警来说，通常这些是必不可少的。即使政策官员本人没有提出要求或问出许多问题，但他的总体态度以及是否愿意听取新的想法或解释，也能在很大程度上决定向他报告情报的种类和质量。

（四）公众知情或媒体讨论的程度

如果认识不到报纸或其他媒体上出现的内容对情报报告工作和政策制定者的影响，以及公众对这种情况的了解或关切的程度，那么针对这个问题所做的任何讨论都将是不完整的。从某种程度上讲，这样的争论颇具误导性，因为新闻报道基本上可以反映出政府在任何一个特定问题上可以获得哪些信息，以及政府对该问题的关切程度。因此，如果美国国务院或总统顾问全神贯注于中东爆发敌对行动的可能性，记者就可能获悉关于这个问题的简要信息，即使令其警觉的原因是新闻界通常无权访问的机密数据时也是如此。在他人启发下撰写的文章和蓄意为之的泄密内幕，以及记者自己的调查和研究等，在外交领域新闻报道中占据了相当大一部分。只有当政府极力防止泄密（就像肯尼迪总统宣布在古巴发现导弹一周之前那样），向媒体披露信息的情况通常才能在该国得到遏制。因此，如果媒体对包括战争在内的某些无法预料的国际动向感到意外，那么美国政府可能也会感到意外，情报界自然也不例外。多年来一直有一种趋势，向媒体发布（或泄露）的机密情报越来越多，其中一些对线人造成了相当大的威胁。从很大程度上讲，新闻报道并不是对政府掌握数据所做的独立证实，而只是反映了这些数据。

新闻界往往在外国拥有独立的线人，还可以对关键的国际问题开展专项分析，极大地帮助人们了解和解读这个问题。当然，它也是传播官方和非官方的公告、文件等以及动态时事的主要渠道；而在情报部门需要处理的信息中，这些占到很大一部分。对于某个国际事件来说，关于它的显著头版报道所能吸引的关注数量，远远超过任何一种情报报告，并可能引起政策官员做出的评论或提出进一步的分析需求。媒体对危急局势的持续关注，可以提高人们的关切程度，并影响情报部门对这个问题的报告工作。有人说如果声誉良好的媒体预测将要爆发战争，那么情报部门几乎没有必要提醒政策官员，这个说法很可能是真的。例如，全球媒体都在报道二战即将到来的消息，就是在铺天盖地地传递预警，这时能再为它增加权重的，只有更加具体的军事细节和政治家的个人意见，而机密信息所能发挥的作用相当值得怀疑。

二、一般性预警原则

大多数观察人员都对预警情报持有一种过于简单化的看法，往往将其视为一种事实汇编，可以据此得出非此即彼的结论，或是将其视为某种我们可以亲手收到的物品。但事实上，预警是一个高度复杂的判断流程；在这个流程中，搜集和汇编可用证据只是它的内容之一，我们的先入之见，以及敌人欺骗和误导我们的努力，都是同样重要的东西，甚至更加重要。

我们所说的预警失误，主要原因通常是对可用信息的分析不准确或不完整，而不是搜集工作存在不足，不过显然，优质搜集对预警来说确实至关重要。要想得出最优判断，不一定必须让更多人员参与评估流程，尤其是那些并不熟悉所有可用信息的人员。最准确的预警判断往往是由少数人做出的。大多数冲突的发生时点都比大多数人认为的要早得多。关于危迫在眉睫的最初征候，往往是在冲突爆发几个月前收到的（但可能未被察觉）。预警是一种研究类问题，是对趋势和动向进行深度的累积式汇编和分析，而不是过度关注最新或最动态的信息，因为后者具有极大的误导性。最难的判定往往是发动进攻的时间，因为它不但灵活多变，而且比军事能力集结更容易隐瞒。

不论是新入行的分析人员还是更有经验的分析人员，还有他们的上级以及政策官员，都应当了解预警，了解我们真正的问题可能出在哪里。这个领域需要一个持续不断的教育过程。但谁也不能保证哪个教育项目或方法可以确保我们在未来一定能够收到预警。在每一次新的预警危机中，我们仍将无法防范错误，并且容易犯下错误，只是每次的程度有所不同而已。谁也不能保证我们下次一定会"收到预警"。我们不能寄希望于可以解决预警问题，只希望能够更加深入地认识它们到底是什么，避免在下次犯同样的错误。

每一次新的预警失误，无论是彻底失误还是部分失误，都会迫使人们开展一连串的事后研究，并提出一连串要求做出改变的建议，好让我们改进"预警能力"。但除了改革组织结构的方案会略有不同之外，这些建议几乎全无新意，有的干脆一点儿也没有。在改进预警的建议中，几乎一定会包含本书反复提到的一些观点。但正如每一次预警失误时所犯的错误都是老生常谈一样，呼吁做些什么来改正错误的建议也都是老生常谈。

任何东西都不能消灭预警问题中的不确定性。除非能够读懂敌人的想法，否则我们没有办法确信做出的预警判断，甚至掌握的许多"事实"都是正确的。即使是最优质的搜集和分析，也不能确保我们可以准确洞察敌人的意图，特别是敌人使用复杂的安全措施和欺骗手段加以隐瞒时。此外，可以肯定，关于证据的意义到底是什么这个问题，相关人员都将一如既往地继续得出不同的结论，甚至是截然不同的结论。正如我们过去遭遇过突袭一样，未来还将再次遭遇突袭。

三、最常见的预警障碍

以下各节讨论的各种倾向，往往会妨碍我们对别国的意图做出判断，或是生成不正确的评估。然而，如前所述，我们可以针对每一个关切领域，在知识或行为等方面做出响应。结果是，我们可以采取更加专业的方法来履行情报预警职责。

（一）证据审查不充分

在做出预警判断之前，应当对所有可用信息进行最为细致和详尽的审查，这种做法的重要性无论怎样强调皆不为过。有人认为所有研究都会在危机当中或危机初现时自动完成，或是认为相关机构对工作的组织和分配必然足以达到目的，但这种观点是错误的。许多关于征候和预警问题的高水平研究或富有想象力的想法，可能并不会得到刊发，也没有多少人会去倾听，除非可以采取积极措施来确保这些观点得以提出或接受检验。对可用证据的审查不够充分，几乎是所有预警失误的原因之一，而且在某些情况下，应当被视为主要原因。关键在于必须让足够的人员，以及正确的人员前去从事研究工作，各级管理层必须鼓励这方面的努力，必须对所有相关信息和假设进行彻底审查，然后据此做出判断。

（二）对证据或先例的认识不足

可能在审查完所有可用的信息之后，仍然无法理解它们在了解意图方面是否重要。可能因为这些信息都是碎片化的、自相矛盾的、含糊不清的，或者可靠性或重要性都是无法确定的；当然，在这种情况下，至少在进一步的信息传入之前，我们很可能无法理解它们。但也可能有人可以理解或解读它们，或是有人可以了解敌人的军事学说或军方流程、军事术语或先前行为等方面的一些难以察觉的细节。一些具有相关性的信息可能来自高度机密的来源，比如秘密获得的军事文件，因此在分发方面受到极大的限制。一些动向很可能是高度技术性的，因此几乎没人可以理解，但必须对其做出解读，并与其他信息整合在一起，才能了解到底发生了什么事。

如果征候为真，即其所指示的活动真的是正在为敌对行动做准备，而不是演习或其他和平时期的活动，那么对其进行识别和解读的工作，在很大程度上取决于对情况的详尽了解和相关专业知识。同样取决于此的还有能否发现敌人正在进行军事欺骗，此种发现对于预警来说绝对是至关重要的。还有一点至关重要，一定不能在我们最需要这种专业知识的时候失去它们。在预警工作中，情报界不但在所有军事问题上都需要专家援助，在政治问题上也是如此，只是程度略逊，而且这种需求将如火箭一般激增。

（三）过度关注动态情报

关于预警的一种普遍误解是，认为最新信息必然是最重要的，或是认为如果搜集工作可以提速，信息能够更快地被传递给更多的预警中心，那么预警的质量就能得到保证（或至少更有可能得到保证）。这种做法的关注重点是信息的流通，其影响可能是双重的：往往会让长期的基本情报和深度分析等职能，面临人员分配数量减少和声望下降等损失；或是会让人忽视对征候进行的累积分析，转而关注战情室里的图表或展示板上展示的最新信息。这只是第一步，由此开始，人们将要接受这样一种观点：敌人此刻正在做的事情，便是关于其意图的最重要征候，而且超过 24 小时的信息是没有价值的，或者至少对预警来说没有什么价值。

这并不是战略预警，因为过度关注动态信息的做法，往往会掩盖潜在敌人长期战略行动的重要性。敌人在几周和几个月的时间里为重大军事行动所做的一切准备，及其为支持相关军事计划所做的政治和外交准备，都会被看似平静的行动所掩盖，然而这种平静往往正是重大行动的前奏。在这种氛围中，我们会轻易相信敌人已经改变主意，取消了所有行动。"局势非常平静。"

预警是累积性的，而不仅仅是动态的。情报报告必须始终保持谨慎，确保用户可以了解其具有累积性的背景，认识到能让我们了解可能发生事件的征候有很多，最新征候只是其中一种。

（四）先入之见凌驾于事实之上

专业人士现在普遍承认，这正是发布预警时面临的最严重的一种障碍。分析人员从经验中发现，人们做出判断的依据往往是先前的概念，它与对事实证据所做的客观审查这个依据同样重要甚至更加重要，这一点已为社会科学家的研究所证实。如果普遍存在的主流舆论氛围会让人得出不同于现有事实的结论，上述观点便尤其正确。一般来说，某个观点越是流行、越是被人所坚持，要想证明这个公认的前提是不准确的，就越需要更多的事实。在预警中，我们经常会感到时间紧迫，也会缺少可靠的事实。因此，不论是时间还是所掌握证据的性质，都可能阻碍我方分析人员接受敌方行为的新动向。特别是这个动向看起来与我们的预判大相径庭时。

（五）未能做出明确的判断

这是预警流程中常见的一项缺陷，至少涉及两种类型的错误。第一种是没有遵循从证据出发得出结论的逻辑流程，也就无法从事实角度对证据的意义做出判断。第二种是没有从敌人可能的行动模式这个角度，对动向的意义做出判断，换言之，就是未能对意图做出判断。预警判断是一系列次要判断叠加的顶点，而其中每一个次要判断，对关于意图的最终结论来说都很重要。搜集到证据之后，首先需要做出判断，确认所报告的事实与敌人最终行动模式是否存在某种潜在的相关性——不论答案是肯定还是否定。如果根本无法判断敌人的意图，或是仅对关于能力的陈述发表意见，那就纯属粗心大意，或是没有充分考虑文字对读者的影响。这也可能被用来掩盖我们在敌人意图这个问题上存在的真正意见分歧。

（六）误判时间

预警中最大的危险之一，就是试图预测敌人何时发动军事行动或其他敌对行动。无数历史示例表明，即使关于作战行动即将发动的预测非常准确，对发动时间的估计也往往会错得离谱。这种情况可以导致假警报（"狼来了"综合征），并因此在进攻真正发生时放松警惕。或许较不常见的情况是，敌人会在预判时间之前大举发动进攻，因为这种误解可能正是敌人刻意欺骗的结果。

（七）不愿相信：寻找"其他解释"

那些从未研究过征候问题的人员，如果看到有人似乎没有能力分析那些非常明显的事实，或不愿相信那些发生在他们面前的事情，或许会感到十分震惊。除了最明显的那个解释之外，这些人有能力为所分析事实找到各种可能的解释。事实上，因为事实太多便对其置之不理的做法，才正是人们最为青睐的，但也会妨害预警判断。具体来说非常简单，这种做法就是为每一个征候提供其他各种解释，无论它们多么不可信，却只字不提那个指向恶性结果的解释，即敌人可能正在计划某种敌对行动。

如果涉及许多征候，而且其中许多动向和报告的提供来源或是可靠程度参差不齐，或是重要性或目的往往尚不明确，此时倾向于为潜在恶性动向提供其他解释的做法，可能就是最具破坏性的。事实证明，在很多情况下，大量累积性的征候是真正的晴雨表，可以用来判断行动是否迫在眉睫，即使这些征候在某些特定细节上可能并不准确。但如果拒绝这种分析方法，并为每项征候都提供其他理由，就有可能破坏预警流程，而预警对于国家安全或友军安全来说是最重要的。

预警评估有时是一目了然的，就像摆在所有人都能看到的一个盘子里那样提供给我们，但这种情况并不常见。它们通常是几不可察的、难以捉摸的，并且需要依靠人们对可用信息进行最有想象力的分析，以及对敌人思维方式的敏锐洞察。如果人们开展搜集时足够努力，就能为征候找到某种解释。如果我们希望能在必要时收到预警，那就必须确保不让最保守的人员或是最不愿意相信新信息的人员掌握决定权，也不能让他们以抽丝剥茧的方式将征候一点点破坏殆尽。

（八）不愿发出预警

不足为奇的是，如果问题可以在较低层面解决，人们便不愿意用它去打扰自己的上级，也不太愿意向他们发布不必要的预警；而且人们在政府等级架构中地位越高，就越不愿意这样去做。对于工作层面的分析人员来说，他们的责任并不包括必须针对潜在恶劣局势采取措施，因此相对更加高层的官员，他们更容易得出敌对行动或其他突袭行动已经或可能迫在眉睫的结论，因为这些高级别官员的责任才是必须向政策官员发出预警，或是亲自采取行动。而政策官员不得不采取的行动越是严重或危险，他就越想证明自己必须这样做。与之相对，如果对于这种局势确实没有什么可以做的（有时就是这样），人们就可以说，没有必要向高级官员发布预警。由此可知，情报界在某种程度上是非常克制的，无论是在需要采取行动或是在不需要采取行动时，都不能发出自己无法"证实"的预警，也不能发出过早的、并无必要或是数量过多的预警。如果情报部门发出一个或多个假预警（高喊"狼来了"），并且政策官员也对这种做法持批评态度，明确表示自己不想再收到任何此类性质的东西，那么这种克制情况就会愈加严重。

在这个问题上，情报部门与政策部门之间可能存在沟通差距或可信度差距。笔者在与一些人员（他们大多是情报系统以外的人员或是新入行的人员）讨论这个问题时发现，许多人认为情报部门往往会危言耸听，也往往会为了稳妥起见而发布不必要的预警。"被预警者"因为预料将会遇到这种行为，所以往往会低估或淡化被告知内容的重要性。他会一直感觉到自己是被过度预警的。由此可见，政策官员在某种程度上往往并不信任情报，不是因为情报部门颟顸无能或缺乏想象力，而是认为它只为自己打算，想要挑起不必要的事端，以此证明自己的有用性和重要性。

这种观点在政策官员中颇为流行，但它是严重错误的，也是造成许多误解的潜在原因。根据笔者处理这类问题的大量经验可知，情报界在得出令人震惊的结论时，明显是极其谨慎的，而且会字斟句酌，以免显得自己太过紧张或很不专业。主流观点认为，高水平的情报分析人员最好不要兴奋，失去冷静，使用丰富多彩的形容词或其他语气强烈的短语来表情达意。相反，他应该对局势轻描淡写，表现出冷静和超然。最大的罪责就是危言耸听，或是没事找事。

由此可知，真正的专业人士都会预警不足，甚至让接收方不得不读懂言外之意，或是询问更多信息，才能意识到自己受到了预警。笔者并不认为这是夸大其词。只要审查一下多年来向政策官员发布的那些"预警"，就能发现它们在措辞上往往是最保守和克制的，不会对迫在眉睫的灾难做出直截了当的预测，而且会在某些情况下，通过含糊其词、简略事项或微妙处理等方法间接发出预警，但其中有些可能就会被用户忽略。有一条关于预警的告诫：政策制定者必须知道有人向他发出预警，他可能会与情报编纂人员存在真诚的分歧，因为后者认为自己的预警是程度适当并且内容正确的，原本足够用于阐明情况。

情报人员可能并不愿意承认这一点，但如果他们认为政策制定者不会在这个问题上采取行动，或者在他们看来不应该采取行动，他们可能倾向于不发布明确预警。1950年春，关于朝鲜可能进攻韩国的预警不但有限，而且较为克制，几乎可以肯定的部分原因是情报部门认为美国不会针对这种进攻采取任何行动。如果情报部门知道政策官员对某些事件很感兴趣并计划采取行动，往往会对这些事件做出强烈而且频繁的响应；如果是他们认为（无论这种观点是对是错）不需要政策部门采取行动的问题，就会给予较少的关注。针对动向发布预警的力度，与我们是否参与此事直接相关。

如果情报界认为美国将要采取的行动存在风险或不可取，往往也会以更加克制的方式做出预警判断。这样做的逻辑是，因为我们不需要采取任何行动，所以没有必要或并不希望向政策官员做出过度预警。几乎不可避免的结论是，这种态度正是不愿对苏联出兵捷克斯洛伐克一事发布明确预警的原因，因为在这种情况下，美国或北约保持军事警戒的做法只会适得其反。

（九）害怕犯错

不愿发出预警的主要原因似乎是害怕出错。这种倾向也被称为"必须看起来像是正确的"。它的成因是人类的自然倾向（谁会希望自己看起来是错误的呢），也是情报人员承受的必须保持准确和不得误导上级的那种压力。在一些微小的事实问题上犯错就已经够糟糕了，但即使是这些小错，也会对情报机构的表现产生不利影响，它们被公开的话更是如此。显然，如果在那些可能对国家决策、军队安全或其他重要事项产生严重影响的问题上犯错，情况会糟糕得多。对于情报界和各个情报机构来说，在必须保证正确的情报问题当中，没有哪个比预警更加重要。我们认为：最好的做法就是言辞含糊不清，或是从能力的角度来表述预警（我们往往认为自己已经非常精于此道），或是提出观点，称敌人还没有决定想要做什么。这样不管事态朝着哪个方向发展，都能让我们的判断看起来像是正确的，或者至少让我们看起来没有明显犯错。

　　笔者可以证明，这是影响预警判断措辞的一项极其重要的因素，很可能是导致过度谨慎的主要原因。它甚至还会折磨那些倾向于坚持做出肯定判断的人员。如果他们不得不以书面形式呈交正式情报意见，那么他们愿意在私下的非正式谈话和非正式声明中说的那些话，在落诸笔端时往往就会极力斟酌。毕竟，有很多事情是我们无法确定的，而敌人随时也会改变主意。我们可以稍微对冲一下风险，在判断中插入几个"有可能"（possibly）。有位能力卓著的情报官曾在 1968 年捷克斯洛伐克危机期间担任重要的领导职务，笔者还记得与他有过一次交谈。苏联出兵之后，笔者问道：为什么在手中已经掌握所有证据的情况下，情报界不能得出一个坚定的肯定判断，指明苏联出兵是可能发生的（不是不可避免的，只是可能的）？他回答道，这是害怕犯错。笔者深以为然。

　　还有一种事实也能影响情报分析人员，那就是有人认为相比不作为的错误，有所作为的错误更应受到谴责。通常来说，相比做肯定预测称某事将会发生，但最后事件并未发生的情况，还是没有预测到那些确实发生了的事情更加保险一些。在后一种情况下，总有人坚持认为只是因为没有足够的证据，所以才无法做出正向判断。可谁又能"证明"那就是错的呢？然而，大多数专业预警分析人员却认为，相比敌对行动实际发生时，根本没有发布过预警的情况，还是应当向政策官员和军方司令部多次发布预警，哪怕是错误的，有预警还是更好一些。克服害怕犯错这种做法虽然重要，但能够证明其重要性的证据却少之又少，而且这些证据往往会在历次危机的漫长间隔里，逐渐被人所遗忘。下一次危机时，谨慎做法可能会再次占据上风，而那些未能发出肯定预警的人员，可能并不会在职业生涯中遭受挫折。毕竟，他们只是没有足够的证据而已。

　　随着情报搜集工作变得愈加繁复、臃肿和昂贵，以及用于快速报告和在整个情报界内交流展示最新信息的设备成倍增加，我们必须小心谨慎，不能忽视预警的真正意义：最优秀的可用分析头脑对所有可用指标进行详尽客观审查，以此为基础做出深思熟虑的判断，使用具有足够说服力的语言充当载体并传递给政策官员，使之相信这种判断的有效性，最终采取适当的行动去保护国家利益。

英汉对照表

active deception 主动欺骗
alert center 预警中心
Allied CinC 联军司令部
Army Intelligence（美国）陆军情报局

basic intelligence 基础情报
Bayes Theorem 贝叶斯定理
Board of National Estimates 国家评估委员会
buildup 集结

climate of opinion 舆论氛围
combat readiness 战备
course of action 行动模式
Cuban Missile Crisis 古巴导弹危机
current intelligence 动态情报

deception 欺骗

defense condition (DEFCON) 防御状态等级

defensive preparation 防御准备

Delphi Procedure 德尔菲专家调查法

estimative intelligence 评估情报

German Counterintelligence 德国反情报局

High Command 最高统帅部

indication 征候

indications analysis 征候分析

indicator 指标

indicator list 预警指标清单

Intelligence Community（美国）情报界

Joint Intelligence Indications Committee (JIIC) 联合情报征候委员会

mobilization 动员

National Indications Center (NIC) 国家征候中心

National Intelligence Estimate (NIE)《国家情报评估》

objective probability 客观概率

order of battle 战斗序列

perceptive judgment 知觉判断

phony war 假战

preconception 先入之见

probabilistic information processing 概率信息处理

radio silence 无线电静默

retrospective analysis 回顾性分析

strategic warning 战略预警

subjective probability 主观概率

surprise 突袭；突然性

Table of Organization and Equipment (TO&E) 编制和装备表

tactical warning 战术预警

United States Intelligence Board (USIB) 美国情报委员会

warning intelligence 预警情报

Warsaw Pact 华沙条约组织（简称华约）

国家安全与保密参考书目

情报与反情报丛书

《情报概论：架构、运作和分析》	[美] 乔纳森·阿卡夫 等
《情报分析：以目标为中心的方法》（第2版）	[美] 罗伯特·克拉克
《情报分析心理学》（第2版）	[美] 小理查兹·J.霍耶尔
《情报搜集：复杂环境下的规划与实施》	[美] 韦恩·霍尔 加里·西腾鲍姆
《战略情报：为美国世界政策服务》	[美] 谢尔曼·肯特
《以目标为中心的网络建模》	[美] 罗伯特·克拉克 [丹] 威廉·米切尔
《情报欺骗：反欺骗与反情报》	[美] 罗伯特·克拉克 [丹] 威廉·米切尔
《情报搜集：技术、方法与思维》	[美] 罗伯特·克拉克
《情报搜集的五大科目》	[美] 马克·洛文塔尔 罗伯特·克拉克
《情报分析：复杂环境下的思维方法》	[美] 韦恩·霍尔 加里·西腾鲍姆
《战略情报：情报人员、管理者和用户手册》	[澳] 唐·麦克道尔
《分析情报：国家安全从业者视角》	[美] 罗杰·乔治 詹姆斯·布鲁斯
《情报分析案例·实操版：结构化分析方法的应用》	[美] 萨拉·毕比 伦道夫·弗森
《情报分析案例：结构化分析方法的应用》	[美] 萨拉·毕比 伦道夫·弗森
《情报分析：结构化分析方法》	[美] 小理查兹·J.霍耶尔 伦道夫·弗森
《情报研究与分析入门》	[美] 杰罗姆·克劳泽 简·戈德曼
《战略情报的批判性思维》	[美] 凯瑟琳·弗森 伦道夫·弗森
《情报搜集技术》	[美] 罗伯特·克拉克
《情报：从秘密到政策》	[美] 马克·洛文塔尔

国家战略预警研究译丛

（"十三五""十四五"国家重点图书出版专项规划项目）

《预判突袭：战略预警分析》	[美] 辛西娅·格拉博
《信息时代的预警分析：再造高效情报流程》	[美] 约翰·博德纳尔
《情报为何失误：案例、方法与分析》	[美] 罗伯特·杰维斯
《战略预警情报：历史、挑战与展望》	[美] 约翰·金特利 约瑟夫·戈登
《情报与突然袭击：战略预警案例研究》	[美] 埃里克·J.达尔
《减少不确定性：情报分析与国家安全》	[美] 冯稼时
《珍珠港：预警与决策》	[美] 罗伯塔·沃尔斯泰特
《预警情报手册（完整解密版）：国家安全威胁评估》	[美] 辛西娅·格拉博
《先发制人：国际冲突的先制与预防》	[美] 迈克尔·多伊尔
《突然袭击：被袭国的视角》	[以] 伊弗雷姆·卡姆

国家安全译丛

《现代英国保密史：国家秘密与国家治理》	[英] 克里斯托弗·莫兰
《秘密与泄密：美国国家保密的困境》	[美] 拉胡尔·赛加尔
《美国政府保密史：制度的诞生与进化》	[美] 戴维·弗罗斯特
《数据与监控：信息安全的隐形之战》	[美] 布鲁斯·施奈尔
《21世纪犯罪情报：公共安全从业者指南》	[美] 理查德·赖特
《恐怖主义如何终结：恐怖活动的衰退与消亡》	[美] 奥德丽·克罗宁
《国家安全与情报政策研究：美国安全体系的起源、思维和架构》	[美] 伯特·查普曼
《秘密情报与公共政策：保密、民主和决策》	[美] 帕特·霍尔特
《网络战：信息空间攻防历史、案例与未来》	[美] 保罗·沙克瑞恩
《全民监控：大数据时代的安全与隐私困境》	[英] 约翰·帕克
《骗中骗：克格勃与中情局的无声战争》	[美] 爱德华·爱泼斯坦
《情报术：间谍大师杜勒斯论情报的搜集处理》	[美] 艾伦·杜勒斯
《谁来监管泄密者？：国家安全与新闻自由的冲突》	[美] 盖里·罗斯

其 他

《间谍图文史：世界情报战5000年》（彩印增订典藏版）	[美] 欧内斯特·弗克曼
《情报战图文史：1939—1945年冲突中的无声对决》（精装彩印）	
	[美] 尼尔·卡根 史蒂芬·希斯洛普
《密战图文史：1939—1945年冲突背后的较量》（精装彩印）	[英] 加文·莫蒂默
《希特勒的间谍：纳粹德国军事情报史》（全译本，上下册）	[美] 戴维·卡恩
《破译者：人类密码史》（全译本，上下册）	[美] 戴维·卡恩
《偷阅绅士信件的人：美国黑室创始人雅德利传》	[美] 戴维·卡恩
《大西洋密码战："捕获"恩尼格玛》	[美] 戴维·卡恩
《斯诺登档案：世界头号通缉犯的内幕故事》（修订版）	[英] 卢克·哈丁
《二战后的美国对外政策》	[美] 史蒂文·胡克 约翰·斯帕尼尔
《金融情报学》	王幸平

……后续新品，敬请关注……